LES MATERIELS DE L'ARMEE DE L'AIR

C-160 TRANSALL

Frédéric LERT

Profils couleurs de Nicolas GOHIN

AVERTISSEMENT

La difficulté n'est pas d'écrire l'histoire du Transall, elle est de la résumer en 68 pages.
Que le lecteur ne tienne pas rigueur à l'auteur de la concision, parfois extrême, de certaines explications...

HISTOIRE & COLLECTIONS

HISTOIRE D'UNE AL

Dès la fin des années cinquante, la question du remplacement des Nord 2 501 Noratlas est posée. Entré en service en 1954, l'avion-cargo reste très apprécié et sa prestation pendant l'opération « Mousquetaire », à Suez, a été favorablement remarquée. L'Armée de l'Air souhaite toutefois obtenir un appareil d'une capacité supérieure, offrant en même temps une plus grande flexibilité tactique que les Breguet Br 765 « Sahara » qui s'apprêtent à entrer en service [1].

Différents projets circulent alors chez les industriels. Hurel Dubois, spécialiste des voilures à grand allongement, met en avant un dérivé de son HD33, mais l'avion paraît sous-dimensionné et dépassé. La SNCAN [2], alias Nord Aviation, évoque quant à elle son Nord 2506, un Noratlas optimisé pour les opérations tactiques. L'appareil conserve ses deux moteurs Bristol Hercules de 2 040 CV, complétés par deux réacteurs d'appoint Turbomeca Marboré placés en bout d'aile. Il reçoit également des volets hypersustentateurs, des aérofreins et des atterrisseurs renforcés pour étendre ses capacités tout terrain. À l'instar du projet Hurel Dubois, l'offre de Nord Aviation paraît toutefois insuffisante. Avec son Br 941, Breguet dispose également d'un appareil très intéressant. L'appareil affiche des performances STOL (décollage et atterrissage courts) époustouflantes. Mais l'avion est complexe et son autonomie en charge bien trop faible [3].

UNE COOPERATION INDISPENSABLE

Très rapidement, avant même qu'une compétition ne soit lancée, le principe d'une coopération internationale s'impose car les seuls besoins français, une centaine d'avions tout au plus, ne justifieraient pas le lancement d'un programme purement national. Des négociations s'engagent donc avec l'Italie et l'Allemagne de l'Ouest pour le remplacement commun, dans un cadre OTAN, de leurs appareils (Noratlas pour l'Allemagne et Fairchild C-119 Packet pour l'Italie). En 1957 est signé un vaste accord de coopération franco-allemand. Parmi les différents thèmes de coopération évoqués figurent des études pour un avion de transport militaire destiné à des « missions en zone avancée de combat ». En mai de l'année suivante, des spécifications très succinctes sont adoptées par Paris et Bonn pour un futur avion-cargo d'assaut.

Côté français, Nord Aviation est pressenti. Il faut en effet donner du plan de charge à la société nationale qui vient d'encaisser un double échec : celui du Nord 2 506 et celui du programme OTAN portant sur un avion de patrouille maritime. Une compétition d'ailleurs remportée par Breguet avec son Br 1 150 Atlantic. En s'inspirant de la voilure et de la motorisation pressenties pour son projet d'avion de PatMar, Nord Aviation est en mesure de présenter rapidement un concept d'avion-cargo de grand gabarit, propulsé par deux turbopropulseurs Rolls-Royce Tyne de 5 600 CV chacun.

Très vite l'Italie se retire du projet pour des raisons financières, et il s'en faut de peu pour que la coopération franco-allemande ne capote

1. Dans leur version Br 765 Sahara, ces quadrimoteurs à hélice offrent d'appréciables performances : 4 500 kilomètres d'autonomie et une capacité d'emport de 164 passagers. Quatre avions vont être utilisés avec succès par l'Armée de l'Air pendant une dizaine d'années, de 1959 à 1969.

2. Société Nationale de Construction Aéronautique du Nord.

3. Ces Breguet 941S serviront au sein de l'escadrille 3/62 « Ventoux » de 1968 à 1974.

Conduit moins de vingt ans après la fin de la Seconde Guerre mondiale, le programme Transall est une réussite à la fois technique et politique. Le troisième prototype est vu ici sur l'aéroport de Beyrouth en 1966. *(coll. Jean-Louis Gaynecoetche)*

FICHES PROGRAMME ET CHOIX TECHNIQUES

Français et Allemands s'entendent pour développer un appareil capable de transporter et de parachuter du fret, des véhicules et des troupes. Le futur avion doit également pouvoir opérer à partir de terrains non préparés et être le plus autonome possible. Il emportera donc un groupe de puissance auxiliaire, logé dans le carénage gauche du train principal. Les Allemands auraient souhaité mettre l'accent sur des caractéristiques STOL/ADAC. Les Français regardent quant à eux du côté de l'Afrique et auraient voulu donner à l'avion une allonge préstratégique, à la manière de ce qui sera fait cinquante ans plus tard avec l'A400M.

Les dimensions de la soute sont compatibles avec le gabarit du chemin de fer pour faciliter le transport des tronçons avant l'assemblage. Une rampe d'accès arrière est jugée primordiale pour faciliter les opérations de chargement et déchargement et le parachutage des charges lourdes. La formule bimoteur est privilégiée pour réduire le coût d'achat et le coût d'opération. Le train d'atterrissage, avec les essieux doubles, présente une véritable capacité tout terrain qui fait défaut au C-130 Hercules. Il est par ailleurs doté d'une capacité de « baraquage » permettant à l'avion de s'affaisser partiellement pour faciliter les opérations de chargement.

Le Transall est un avion placé sous le signe du compromis. Il doit être à ce titre considéré comme une réussite remarquable. En effet, les tiraillements ayant présidé à sa conception auraient pu aboutir a contrario sur une machine ratée et inadaptée. L'histoire de la coopération industrielle aéronautique n'en est pas avare…

Réussite technique, l'avion est également le symbole d'une réussite humaine. Quinze ans seulement après la fin de la guerre, la coopération se fait sans heurt majeur et dans une ambiance jugée très amicale par les témoins de l'époque, malgré quelques grincements de dents ici ou là… Grande première, des ingénieurs français sont allés travailler en Allemagne et des Allemands sont venus s'installer à Châtillon. Pratiquement tous les vols d'essais se feront avec des équipages mixtes franco-allemands, les dialogues se faisant la plupart du temps en anglais. Est-ce un problème de compréhension au sein de l'équipage ? Toujours est-il que le prototype V2 se pose un jour train rentré à Brétigny. L'avion démontre au passage qu'avec sa large assise et son aile haute, il se prête très bien à ce genre d'exercice. L'équipage n'est pas blessé, les hélices et les moteurs ne sont pas endommagés et les dégâts ne portent que sur le revêtement inférieur du fuselage.

L'exercice sera renouvelé quelques années plus tard avec un appareil allemand dans des couleurs civiles au Salon du Bourget…

pour les mêmes raisons. C'est pourtant bien avec Bonn que Paris veut coopérer, même si l'idée d'une participation de l'Allemagne à la conception d'un avion militaire, dix ans seulement après la fin de la guerre, soulève un débat outre-Rhin. La coopération avec la Grande-Bretagne est exclue, la perfide Albion étant soupçonnée de vouloir maintenir l'industrie aéronautique française dans un état de vassalité. Mais faute de financements disponibles, le gouvernement allemand se refuse à s'engager formellement dans une coopération. Nord Aviation s'attache alors à convaincre les deux industriels allemands déjà impliqués dans la construction sous licence du Noratlas, WFB (Weser Flugzeugbau) à Brême et HFB (Hamburger Flugzeugbau) à Hambourg. À charge pour eux de convaincre leur propre gouvernement. Pour faciliter les négociations qui s'engagent, la direction de Nord abat alors une carte majeure : l'industrie allemande sera non pas sous-traitante, mais véritablement partenaire du projet.

En août 1958, les états-majors français et allemands se mettent d'accord sur deux scénarios opérationnels pour la rédaction d'une fiche programme. Le premier, tactique, prévoit le transport de huit tonnes de charge utile sur 1 200 km (avec les 300 derniers kilomètres en basse altitude) suivi d'un poser d'assaut puis d'un vol retour sans ravitaillement avec cette fois six tonnes en soute. Deuxième scénario évoqué, logistique cette fois, le transport de huit tonnes sur 4 500 km.

MENACE AMERICAINE

Venu d'outre-Atlantique, un écueil de plus surgit lorsque Lockheed commence à promouvoir son C-130 Hercules, tout juste entré en service au sein de l'US Air Force. L'avion est moderne, puissant et promet d'être moins coûteux que le futur Transall. Les états-majors sont bien tentés par le nouvel avion, et il faudra tout le volontarisme de la politique industrielle française du moment pour sauver la coopération franco-allemande.

Du côté de Nord, on abat d'ailleurs une deuxième carte pour emporter la décision allemande : le développement du nouvel avion se fera à parts égales entre Français et Allemands. C'est un magnifique cadeau fait à l'industrie aéronautique allemande qui ne demande qu'à renaître de ses cendres. En décembre 1958, le projet de coopération est finalement entériné sous le patronage du président français Charles de Gaulle et du chancelier allemand Konrad Adenauer. Nord Aviation gère la partie française du programme tandis que WFB et HFB se partagent la charge de travail allemande.

La « Transporter Allianz » mise sur pied pour gérer le projet donne naissance au nom bien connu aujourd'hui, « Transall », le « C » indiquant qu'il s'agit d'un avion-cargo et le chiffre 160 se rapportant à la surface alaire, 160 m² [4]. Le 16 décembre 1959, un contrat intergouvernemental fixe une contribution financière égale entre les deux pays pour couvrir les frais d'études, de construction de trois prototypes et

4. Il est parfois écrit, à tort, que le chiffre se rapporte au nombre initial de commandes.

de deux cellules d'essais. Pour autant le Transall n'est pas encore assuré de vivre. Au début des années soixante, le budget militaire de la France est pris en étau entre la Force de Frappe qui avale la moitié des crédits, et la guerre d'Algérie. Chez Lockheed, on n'a pas non plus renoncé à placer le Hercules et le lobbying américain se fait de plus en plus pressant, particulièrement auprès de l'Allemagne.

Petit miracle de la construction européenne, le Transall survit finalement à ces assauts répétés et cinq prototypes (dont deux cellules d'essais statiques) sont commandés.

Le premier, le V1, décolle pour la première fois le 25 février 1963 de Melun-Villaroche. Il est suivi le 25 mai de la même année à Lemwerder, près de Brême, par le V2, deuxième appareil assemblé par WFB. Le V3, placé en bonne logique sous la houlette de HFB, décolle à son tour de Hambourg le 19 février 1964. En septembre de la même année la France et l'Allemagne signent un accord officiel portant sur l'achat commun de 160 Transall (110 pour l'Allemagne et 50 pour la France).

Ci-dessus et ci-dessous.
Au cours de leur carrière, prototypes et avions de présérie ont reçu de nombreuses immatriculations différentes, aussi bien allemandes que françaises. Le premier prototype est vu ci-dessus avec des codes français et ci-dessous avec une immatriculation allemande. *(Aerospatiale)*

UN MINI « HERCULES »

L'avion qui a pris forme est un bimoteur à aile haute et grand allongement. La dérive culmine à douze mètres au-dessus du sol environ

Les deux premiers prototypes porteurs d'immatriculations allemandes, photographiés au cours d'un unique vol en formation. *(Aerospatiale)*

PETITS MARCHANDAGES ENTRE AMIS...

La France envisageait initialement de commander une centaine d'avions pour remplacer les Noratlas et assurer les liaisons avec l'Afrique. En 1963, ce besoin est divisé par deux : la liaison avec l'Algérie, devenue indépendante, n'a plus de raisons d'être et les contraintes financières ont eu raison des rêves de grandeur du transport aérien militaire. L'Allemagne affiche quant à elle un besoin pour cent dix avions au lancement du programme. Officiellement, il s'agit de pouvoir transporter rapidement des troupes vers la frontière orientale en cas d'agression communiste. Officieusement, il s'agit d'exprimer des besoins élevés pour accaparer une part proportionnelle du plan de charge industriel (dès 1967, l'Allemagne tentera de réduire sa commande à soixante unités. Mais la difficulté d'intégrer cette nouvelle donne dans le plan de charge industriel fera reculer le gouvernement allemand qui réussira finalement à revendre vingt de ses avions à la Turquie...)

Le 16 juin 1959, le partage industriel est validé par les deux gouvernements : VFW reçoit la partie centrale du fuselage et l'empennage horizontal, tandis que HFB est responsable des tronçons avant et arrière du fuselage. L'empennage vertical est confié à Dornier et les volets sont partagés entre Messerchmitt et Siebel. Nord Aviation reçoit pour sa part l'ensemble de la voilure ainsi que les fuseaux moteur. De cette façon, tout le monde est à peu près content !

Deux options sont considérées pour le moteur : l'Orion de Bristol et le Tyne 22 de Rolls-Royce qui équipe déjà l'Atlantic. Après l'abandon du projet Orion, Rolls-Royce rafle la mise et cède la licence de fabrication de son moteur aux différents partenaires du projet : Hispano Suiza en France, MAN en Allemagne et FN en Belgique. Les hélices sont fabriquées en France par Ratier-Figeac, sous licence Hawker Siddeley. Le train d'atterrissage est signé Messier à l'issue d'une compétition entre Français et Allemands. Ces derniers, fair-play, reconnaissant la supériorité du projet Messier et l'entérinant.

Le premier avion de série est livré en août 1967 par VFW. Deux chaînes d'assemblage final étaient initialement prévues : une à Bourges (Nord Aviation) et l'autre à Lemwerden, en Allemagne (WFB). Sous la pression de l'industriel allemand HFB, une troisième est finalement installée à Hambourg, mais aux seuls frais du gouvernement allemand.

Le troisième et dernier prototype volant, porteur d'un code allemand. L'avion sera par la suite utilisé (entre autres) par le CEAM (avec le code DI) puis par la compagnie Air Affaires Gabon. *(Aerospatiale)*

(Dessin Nicolas Gohin)
Superbe maquette du projet de C-161 cargo dans les couleurs d'une compagnie imaginaire. *(coll. Patrice Gaubert)*

L'appareil, s'inspirant de l'architecture générale du Hercules, est équipé de deux portes arrière escamotables pour le largage des parachutistes et d'un ensemble porte et rampe axiales ouvrables en vol pour le largage de charges lourdes. La soute est vaste (115,3 m^3) mais elle sera la plupart du temps sous-employée en raison de la motorisation insuffisante, principal défaut de l'avion. Avec deux moteurs de 5665 CV, le Transall ne dispose au total que de 11330 CV, contre quatre fois 3750 CV (soit 15000 CV) pour le C-130A Hercules qui entre en service en 1956.

Mais le Hercules va sans cesse évoluer et gagner en puissance (le dernier modèle, le C-130J, affiche un total de 19640 CV) alors que la motorisation du Transall n'évoluera pas en puissance. Deux points d'attache avaient été prévus sous voilure pour équiper l'avion de réacteurs d'appoint, en définitive jamais montés. L'avion présente en revanche de remarquables capacités « tout-terrain », supérieures même à celles du Hercules, grâce à des volets hypersustentateurs largement dimensionnés, des aérofreins et un train d'atterrissage remarquablement adapté (un diabolo à l'avant et deux diabolos de chaque côté pour le train principal, soit un total de dix roues équipées de pneus à basse pression).

PREMIERS VOLS, PREMIERS SUCCES

Les premiers vols des prototypes font la preuve des très grandes qualités de l'avion mais ils mettent aussi en exergue quelques défauts. Les commandes de vols à tringlerie sont remplacées par des commandes hydrauliques, bien plus efficaces. La structure arrière doit également être renforcée, ce qui entraîne un alourdissement de l'avion et un déport du centrage. Pour corriger ce problème, le fuselage est allongé d'une tranche (508 mm) en avant de l'aile à partir du sixième avion de présérie. La voilure est également renforcée et les parties extérieures reçoivent une flèche de 2,5°. Ces modifications entraînent des retards dans la fabrication des six avions de présérie, répartie entre la France et l'Allemagne. Ces avions prennent l'air finalement entre le 21 mai 1965 et le 28 avril 1966.

Le premier appareil de série sort de chaîne en Allemagne en mai 1967, suivi six mois plus tard par le premier appareil assemblé en France par Nord Aviation. Le 26 avril 1968, l'Armée de l'Air et la Luftwaffe prennent officiellement livraison du Transall lors d'une cérémonie binationale.

Au total, l'Armée de l'Air recevra 53 C-160F (trois de présérie et cinquante avions de série) jusqu'en mars 1973. De son côté, l'Allemagne prendra livraison dans les mêmes temps de 113 C-160D, dont trois de présérie. Elle en cédera rapidement vingt exemplaires à la Turquie. Dans le même temps, neuf exemplaires (C-160Z, pour « Zuid Afrika ») seront vendus à l'Afrique du Sud. La fabrication de cette première version se termine donc après seulement 169 avions de série, ce qui peut être considéré comme un échec commercial pour un avion de cette valeur. Le Lockheed Hercules avait raflé la mise, particulièrement auprès des pays de l'OTAN.

Page ci-contre, en haut et au centre.
Deux vues du Transall A04, quatrième avion de présérie. Sur la photo du milieu, l'avion porte les couleurs du CEAM et présente sa porte latérale en position ouverte.
(coll. Jean-Louis Gaynecoetche)

En bas.
Le « DH », alias prototype V2, ici porteur de codes français.
(coll. Jean-Louis Gaynecoetche)

A04-WT

TRANSALL C 160
A04
118-BT

D-9
DH

(Frédéric Lert)

TRANSALL NOUVELLE GENERATIO

En 1970 Nord Aviation est absorbée par la création de la SNIAS qui se mue ensuite en Aérospatiale. Six ans plus tard, Aérospatiale, MBB et VFW annoncent la relance de la fabrication du Transall pour satisfaire les besoins de l'Armée de l'Air. Celle-ci souhaite acquérir vingt-cinq avions supplémentaires dotés d'une capacité de ravitaillement en vol de nature à compenser partiellement la motorisation insuffisante (le manque de puissance au décollage oblige dans certaines circonstances à choisir entre carburant et fret…). La possibilité de faire du Transall un quadrimoteur mixte est envisagée : en plus de ses deux Tyne, l'avion aurait reçu deux réacteurs Adour en nacelle sous les ailes pour augmenter ses performances au décollage et en montée. Cette solution ne sera pas retenue.

LE C-160NG

Les avions de « Nouvelle Génération » se distinguent de leurs aînés sur plusieurs points : ajout d'une perche de ravitaillement en vol qui vaut à l'avion le surnom de « licorne », modernisation de l'avionique, et ajout de deux réservoirs supplémentaires (appelés réservoirs C) dans le plan central de la voi-

Les fuseaux moteurs semblent bien fins par rapport au volume de l'avion. Une impression malheureusement vérifiée par les courbes de performance… *(Frédéric Lert)*

lure, cette dernière étant renforcée (la capacité en carburant passe de 19050 à 27000 litres). Il est également décidé de condamner la porte latérale avant gauche de chargement, rarement utilisée (la structure de l'avion en sort allégée et renforcée).

Quinze avions sur les vingt-cinq sont également pré-équipés pour servir comme ravitailleurs en vol, avec la capacité de « livrer » un maximum de treize tonnes de carburant : un système de ravitaillement par tuyau souple peut être installé dans un carénage amovible (appelé « carène longue ») placé à l'arrière du carénage du train principal gauche. Le kit de ravitaillement pèse environ une tonne et demande trois jours de travail pour son installation. Lorsqu'elle est mise en place, la carène longue obture la porte parachutiste gauche. Sur les quinze Transall NG pouvant recevoir le système, dix en sont équipés en permanence.

Les Transall NG reçoivent aussi divers feux permettant d'éclairer l'extrémité de la perche de ravitaillement en vol pour les opérations de nuit. Les

« ravitailleurs » reçoivent des feux éclairant le panier de ravitaillement ainsi qu'un vide-vite permettant de lâcher très rapidement du carburant en cas de panne moteur.

Aucune modification n'est en revanche apportée à la motorisation, qui reste le talon d'Achille de l'avion. Le Transall de présérie 04 est utilisé par le CEV pour expérimenter les nouveaux systèmes embarqués. Le premier vol du

Ci-dessus et en bas.
Le largage à très faible hauteur (3 m du sol environ) avec extraction de la charge par parachute n'est plus pratiqué à ce jour par l'Armée de l'Air. Cette méthode permettait la dépose de matériel sur palettes dans des zones où l'atterrissage était impossible ou trop dangereux.
(Frédéric Lert)

T TRANSALL « RENOVE »

Ci-dessus.
Un Transall en compagnie de deux Mirage 2000 au-dessus du territoire djiboutien. La capacité de ravitaillement en vol des Transall NG a été très précieuse pour les opérations africaines de l'Armée de l'Air.
(BA 188)

Ci-dessous.
A l'atterrissage sur la piste recouverte de sable de l'île Caltaux, faisant partie de l'archipel des Glorieuses dans l'Océan Indien.
(Culjas 22)

prototype du Transall NG a lieu le 9 avril 1981 et la première livraison à l'Armée de l'Air intervient quatre ans plus tard. La répartition industrielle se fait à parts égales entre la France et l'Allemagne, avec toutefois une seule chaîne d'assemblage final, à Toulouse. Lors des essais de l'avion, un équipage de l'ET 2/64 « Anjou » se distingue en ralliant La Réunion au départ de la France avec un vol non-stop de 23h30.

Sur les vingt-cinq avions commandés par la France, deux donnent naissance aux C-160G « Gabriel » d'écoute électronique. La commande est ensuite augmentée de quatre avions pour servir le programme C-160H « Astarté » : ces appareils sont utilisés pour les communications protégées et « durcies » avec les sous-marins en plongée de la force de dissuasion nucléaire.

L'Indonésie commande pour sa part six appareils, dépourvus toutefois des équipements de ravitaillement en vol. La production totale des Transall NG est donc de trente-cinq avions.

De nombreux analystes soulignent le coût exorbitant de la relance des fabrications pour seulement une trentaine d'avions (Pour relancer la fabrication, il fallut d'ailleurs retrouver les liasses de plans originaux du C-160, ce qui ne fut pas une mince affaire…). Du point de vue opérationnel, sans doute aurait-il été plus judicieux d'acheter « sur étagère » aux Américains deux escadrons de C-130 Hercules plus puissants, en consacrant la flotte de Transall déjà existante aux missions de « brouettage ».

C'est d'ailleurs ce que souhaitait l'état-major de l'Armée de l'Air. Privilégiant une solution purement nationale, sans tenir compte de son coût, le gouvernement du moment ne lui donna pas satisfaction.

LE TRANSALL « RENOVE »

Une première tentative de modernisation des avions a lieu en 1985 avec le programme C-160-90. L'Armée de l'Air a pleinement conscience des insuf-

Le Transall affiche une très grande manœuvrabilité, ce qui pourrait lui sauver la mise en cas de mauvaise rencontre sur un théâtre d'opération. Bien visible sur cette image, la carène longue du train d'atterrissage gauche dans laquelle prend place le dispositif de ravitaillement en vol. *(Sirpa Air)*

Ci-contre.
Le poste de pilotage des avions rénovés. La modernisation de l'avionique a ouvert les portes du vol à très basse altitude tout temps au Transall, avec à la clef une meilleure précision de navigation.
(Aerospatiale)

Page suivante.
Un Transall NG en rapprochement vers son ravitailleur. Toute l'attention du pilote aux commandes se concentre sur la trajectoire vers le panier. Dans le même temps, le second pilote assure la sécurité anti-abordage, la main sur la commande des aérofreins...
(Frédéric Lert)

FABRICATIONS ET DESIGNATIONS

C-160V : cinq prototypes, dont deux cellules d'essais statiques (V-04 et V-05)
C-160A : six avions de présérie
C-160D : 110 appareils de la première série destinés à l'Allemagne. Vingt seront revendus à la Turquie.
C-160F : Cinquante appareils de la première série destinés à la France.
C-160G : alias Transall « Gabriel ». Deux appareils NG destinés à la guerre électronique
C-160H : alias Transall « Astarté ». Quatre appareils NG destinés aux communications avec les SNLE.
C-160NG : 35 avions de « nouvelle génération ».
C-160R : 67 appareils français « Rénovés » de première et deuxième génération.
C-160T : appellation officieuse des vingt Transall vendus à la Turquie.
C-160Z : neuf appareils de première série en service au sein de la South African Air Force (ces appareils furent un temps « cachés » dans une commande française artificiellement portée à 59 avions)
Le grand total est de 215 Transall fabriqués.

fisances de la motorisation de ses avions, tout en sachant pertinemment que le successeur du Transall se fera encore attendre au moins vingt ans.

Le programme C-160-90 recouvre essentiellement l'allégement de la cellule grâce à l'emploi de matériaux composites, l'amélioration de certains points aérodynamiques et la remotorisation de l'avion. Le moteur pressenti pour ce chantier est l'Allison T-406 développant 7450 CV.

L'année précédente, Rolls-Royce avait également proposé une remotorisation faisant appel à une version modernisée du Tyne développant 40 % de puissance supplémentaire. L'offre avait été écartée car il était prévu que les coûts de développement de cette version soient intégralement imputés au programme Transall.

Le T-406 est lui disponible, et un Transall motorisé de la sorte aurait pu emporter dix-sept tonnes sur 3000 nautiques ou douze tonnes à 3600 nautiques. Les performances en altitude et par temps chaud devaient également être très améliorées.

Le projet est toutefois abandonné pour des raisons financières.

Quatre ans après cette première tentative, l'idée d'une rénovation ressurgit. Mais l'Armée de l'Air a changé son fusil d'épaule et il n'est plus question cette fois de remotoriser les avions : la rénovation portera essentiellement sur l'avionique, les communications et le système de navigation pour faciliter les missions de transport tactique par mauvaise visibilité et de nuit. Incidemment, la transition des équipages des Transall NG vers le futur FLA (qui deviendra l'A400M) sera grandement facilitée. Le programme de Transall « Rénové », formellement lancé en 1989, concerne quarante-neuf avions de première série et vingt et un de nouvelle génération. La maîtrise d'œuvre du programme est confiée à Aérospatiale, tandis que l'Atelier Industriel de l'Aéronautique (AIA) de Clermont-Ferrand est chargé de la réalisation industrielle.

Les systèmes installés sur les Transall NG comprennent un récepteur GPS, une centrale de navigation inertielle à gyrolaser, une centrale de cap et d'altitude, deux calculateurs de mission, un nouvel ensemble radio et un collimateur de pilotage tête haute [1]. La planche de bord est modernisée et reçoit deux écrans EFIS pour l'affichage des paramètres de vol tout en étant traitée « BNL » (bas niveau de lumière) de manière à être compatible avec l'utilisation de JVN par l'équipage [2]

Les Transall F15 de première série et F203 de nouvelle génération sont utilisés pour le développement des avions rénovés. Le premier appareil rénové est remis à l'Armée de l'Air en mai 1994 et les livraisons des appareils commandés se poursuivent jusqu'en 1999 [3].

1. Seuls les six premiers avions, destinés au CIET de Toulouse qui comprend à l'époque la Division des Opérations Spéciales sont équipés de collimateurs en place gauche et droite. Les autres avions ne reçoivent qu'un collimateur en place gauche pour des raisons financières. La place droite est toutefois câblée pour recevoir l'équipement en cas de nécessité.
2. Les Transall recevront en parallèle une panoplie d'auto-protection contre les menaces sol-air.
3. Les Transall « Gabriel » et « Astarté » connaîtront leur propre programme de rénovation.

LE TRANSALL EN SERVICE

Lorsque le Transall entre en service dans l'Armée de l'Air en 1967, le Nord 2501 « Noratlas » constitue l'ossature des escadrons de transport. Il faudra d'ailleurs attendre encore vingt-deux ans (1989) pour que le dernier exemplaire de cet avion soit officiellement retiré du service. Globalement, l'arrivée du Transall coïncide avec une ère de relative stabilité pour le CoTAM (Commandement du Transport Aérien Militaire). Après l'Indochine, Suez et l'Algérie, les opérations purement militaires perdent peu à peu de leur importance

Superbe vue d'un appareil de l'ETOM 50 « Réunion ». Outre les vols logistiques, les appareils des ETOM ont aussi participé à de nombreuses missions de recherche en mer, mettant à profit l'autonomie de l'avion.

au profit de missions logistiques, humanitaires ou d'instruction. Bien entendu le continent africain reste une source intarissable de conflits régionaux, avec de nombreuses interventions françaises à la clef, mais celles-ci resteront la plupart du temps ponctuelles et peu intensives.

Sur le parking de Toulouse Francazal au début des années soixante-dix, le 61-ZN utilisé par le CIET exhibe une truffe bien décolorée.
(coll. Jean-Louis Gaynecoetche)

Dès sa mise en service, le Transall prouve sa très grande aptitude à opérer de façon isolée, loin de ses bases. L'avion est fiable, robuste et affiche une polyvalence remarquable. Lors des premiers ravitaillements quotidiens de N'Djamena, au Tchad, il démontre sa capacité à remplacer à lui seul six Nord 2501.

L'Armée de l'Air est satisfaite de l'avion qui lui est fourni, même si elle regrette dans un premier temps la motorisation bimoteur (dans le cas des survols maritimes) et l'insuffisance de la charge utile. Pour le premier point, la fiabilité des turbines Tyne effacera les doutes et le Transall sera engagé sans état d'âme sur de longues étapes au-dessus de la mer. La question de la charge utile est plus délicate : les huit tonnes sur 4500 km évoquées par la fiche programme ne sont pas au rendez-vous sur les avions de série, la charge utile étant amputée d'environ une tonne par les équipements indispensables au bon usage opérationnel de l'avion.

Peu d'opérations réelles font appel à un parachutage massif de combattants. La capacité aéroportée reste toutefois indispensable et le Transall est un avion très bien adapté à cette mission.

(Frédéric Lert)

Ci-dessous.
Le 61-ZL dans son attitude caractéristique à l'atterrissage. L'avion est jugé « très sain » par ses équipages, avec de meilleures capacités tactiques que le C-130 Hercules.

(Frédéric Lert)

ESCADRON BINATIONAL

Le CEAM (Centre d'Expériences Aériennes Militaires) est la première unité de l'Armée de l'Air à mettre en œuvre le nouvel avion[1]. Un escadron franco-allemand est créé administrativement au sein du CEAM en octobre 1965. Sa mission est triple: mener à bien l'expérimentation opérationnelle et technique de l'avion, élaborer la documentation technique puis enfin former les premiers équipages et les équipes d'entretien. L'unité, opérationnelle au début 1966, commence à travailler avec les prototypes V1 et V2 depuis le CEV. Mais notamment en raison de leurs commandes de vol inadaptées, les avions ne laissent pas que des bons souvenirs.

La situation s'arrange rapidement avec l'arrivée des six avions de présérie. L'escadron rassemble les aviateurs des deux pays. Vingt ans seulement après la fin de la guerre, la coopération au sein d'une même unité se fait sans heurt et laisse un très bon souvenir à tous les participants. Le partage des responsabilités est équilibré avec un commandant d'unité français et son second allemand. Le détachement allemand, une centaine de personnes plus les familles, est bien accueilli par la ville de Mont-de-Marsan.

Deux équipes de marque sont certes constituées, une française et une allemande, mais les équipages d'expérimentation sont mixtes et les vols conduits indifféremment sur les avions français (A02, A04 et A06) ou allemands (A01, A03 et A05). Les procédures de vol se font la plupart du temps en anglais, mais parfois aussi en français, de nombreux navigants allemands maîtrisant bien la langue (un des pilotes de l'équipe allemande avait même été basé à Mont-de-Marsan pendant la guerre, au sein d'une unité de Focke Wulf Fw 200 Condor…). Les résultats d'expérimentations sont exploités en commun et les rapports rédigés également en commun, avec des appendices spécifiques français ou allemands.

Résultat d'une expérimentation menée au CEAM, la forme du nez des Transall est modifiée: le carénage du radar est allongé pour avancer l'accrochage de l'antenne radar et lui offrir un meilleur champ de vision, avec à la clef une capacité de « lecture du sol ». Après l'entrée en service de l'avion, une fonction « balise » sera ajoutée: le radar pourra être utilisé pour trouver une balise émettant au sol ou en vol (dans le cas d'un vol en colonne, pour respecter un espacement). Malgré les regrets concernant la motorisation, le Transall emporte donc l'adhésion des équipages du CEAM grâce notamment à la conception moderne de ses systèmes (directeur de vol, pilote automatique, commandes de vol, volets hypersustentateurs, atterrisseurs, avionique, injection eau-méthanol, etc.). Pour le transport aérien militaire, le Transall représente un immense bond en avant par rapport au Noratlas.

Page suivante, en haut et au centre
Deux exemplaires encore dotés du nez court, mais affichant des codes de différentes tailles. La forme très ronde du nez a valu à l'avion le surnom de « Pollux », en référence au film d'animation diffusé à la télévision dans les années soixante-dix.

En bas
Le 61-MK a été le seul appareil peint dans un camouflage type « désert ». A noter que cet avion porta également les couleurs de l'Aéropostale.

EN SERVICE DANS L'ARMEE DE L'AIR

Une fois terminés l'expérimentation et le travail de rédaction de la documentation technique, l'unité franco-allemande est dissoute, chaque pays for-

1. *Les Escadrons de Transport et de Liaison 26/118 puis l'Escadron d'Expérimentation et de Transport 6/330 « Albret » mettent en œuvre successivement les différents C-160 passés au CEAM.*

Ci-dessous.
Avec un peu d'huile de coude et un bon chausse-pieds, tout ou presque peut entrer dans la soute du Transall… Un Jaguar s'apprête ici à être avalé.

(coll. Jean-Louis Gaynecoetche)

(coll. Jean-Louis Gaynecoetche)

(coll. Jean-Louis Gaynecoetche)

(coll. Jean-Louis Gaynecoetche)

Ci-dessus, de haut en bas.
Au gré des opérations humanitaires, de nombreux Transall français ont reçu des revêtements blancs, avec à la clef une grande variété des marquages extérieurs.
(Frédéric Lert)

mant séparément ses équipages. L'escadron de Mont-de-Marsan devient franco-français et s'attelle à la formation des premiers équipages de la 61e Escadre de Transport [2].

Les travaux d'expérimentation se poursuivent toutefois jusqu'en 1969 avec l'emploi des trois avions de présérie. Le premier Transall livré à la 61e Escadre, le F1, se pose à Orléans-Bricy le 22 novembre 1967 et est affecté à l'ET 1/61 « Touraine ». Fin 1971, les trois escadrons de la 61e Escadre sont transformés sur le nouvel avion dont le dernier exemplaire est réceptionné à Orléans en mars 1973. Les avions sont réunis dans un « pool » escadre qui fournit également les appareils utilisés par le CIET [3] et les ETOM [4]. En 1988, l'ET 2/61 « Franche-Comté » entame sa transformation sur C-130 Hercules et commence à reverser ses Transall aux ET 1/61 et 2/61.

La 64e escadre de transport doit attendre 1982 pour remplacer ses derniers Noratlas par les premiers Transall NG. L'ET 1/64 « Béarn » est le premier servi cette année-là, suivi en 1983 par le 2/64 « Anjou » [5]. En 1988 arrive le premier Transall Astarté.

Quatre appareils seront finalement utilisés par l'Escadron Avion 1/59 « Bigorre » jusqu'à leur retrait de service en 2001. En 1989, c'est au tour de l'Escadron Électronique EE 1/54 « Dunkerque » de recevoir ses deux Transall « Gabriel » en remplacement des derniers Nord 2501 du même nom.

À noter enfin que le GAM 56 (Groupe Aérien Mixte) utilise le Transall à partir de 1976 pour des missions réalisées au profit de la DGSE (voir le chapitre suivant).

2. Le retard de fabrication des avions de série va cependant obliger les équipages des escadrons « Touraine » et « Franche-Comté » à reprendre une activité Noratlas pendant quelques mois après leur formation sur Transall.
3. Centre d'Instruction des Équipages Transall, dont la mission est aujourd'hui reprise par l'EIE 01/340 (Escadrille d'instruction des Équipages) basée à Evreux-Fauville. L'EIE forme les pilotes, navigateurs officiers systèmes d'armes et les mécaniciens navigants des Transall. Elle dispose d'un simulateur de vol reproduisant exactement le poste de pilotage de l'avion.
4. ETOM 50 « Réunion » à St-Denis de la Réunion, ETOM 52 « La Tontouta » à Nouméa, ETOM 55 « Ouessant » à Dakar, ETOM 58 « Guadeloupe » à Pointe-à-Pitre et ETOM 88 « Larzac » à Djibouti.
5. Le 3/64 « Bigorre » a été dissous en 1981

LE TRANSALL, C'EST LE PEROU !

Le tremblement de terre au Pérou du 31 mai 1970 (environ 70000 morts) donne au Transall une première occasion de se distinguer sur la scène internationale. Un détachement de quatre avions des escadrons « Touraine » et « Franche-Comté » arrive à Lima le 14 juin suivant. Dans les soutes des avions, plusieurs dizaines de tonnes de fret, trois Alouette III de l'ALAT, un hôpital de campagne et, juché sur une palette, un certain Bernard Kouchner. Le futur ministre n'est encore qu'un tout jeune médecin lancé dans ses premiers engagements humanitaires.

Le matériel médical déchargé, les Transall sont mis à la disposition des autorités péruviennes qui leur affectent des vols vers des zones sinistrées et coupées du reste du monde. Les avions font alors la preuve de leur valeur en parvenant à se poser sur le terrain très enclavé d'Anta, totalement impraticable par les C-130 de l'US Air Force. Ces derniers opèrent également dans la région, mais seulement en zone côtière. Après plusieurs jours de travail, la piste d'Anta est allongée, nettoyée de ses cailloux et les Hercules de l'USAF viennent s'y poser à leur tour. Mais ils le font un seul jour et dans le cadre d'une belle opération de propagande à laquelle prend part également Madame Nixon, la femme du président américain. Les Transall étonnent aussi par leur capacité à conduire des percées radar autonomes entre les hauts sommets de Andes, noyés dans les nuages. Pendant ce temps, les Alouette III réalisent plusieurs missions de secours à plus de 4500 m d'altitude, dans des zones également hors de portée des hélicoptères américains. La prestation française laisse plus d'un militaire péruvien admiratif. ❒

AU SON DES « REVERSES »

Très vite après leur entrée en service, les Transall sont engagés dans des opérations extérieures à vocation civile ou militaire. Pour beaucoup, le son des « reverses » de l'avion devient synonyme de soulagement. La planète entière est sillonnée par les bimoteurs : inondations au Bangladesh, cyclone à la Martinique, tremblements de terre au Pérou, sécheresse au Sahel, éruptions volcaniques en Guadeloupe, à la Réunion, visite présidentielle en Chine, évacuations de ressortissants à Pnom Penh, soutien logistique de la première participation française à l'exercice « Red Flag », dans le Nevada, opérations militaires au Tchad, en Mauritanie… La liste est longue et bien loin d'être exhaustive. Partout où il passe, le Transall se signale par sa fiabilité et sa facilité de mise en œuvre. Pour trois avions déployés au cœur de l'Afrique, un détachement d'une dizaine de mécaniciens et un chef de piste suffit à l'entretien. Un changement de moteur en pleine brousse demande une petite semaine de travail à quatre personnes travaillant en horaire standard, depuis la mise en place de la chèvre, le démontage des capots et de l'hélice, jusqu'à

Deux vues de l'utilisation des Transall au Pérou en 1970. Les capacités tactiques des appareils y firent forte impression. Une fois encore le Transall put y démontrer une capacité tout terrain supérieure à celle du Hercules.

(Claude Lemieux)

(Claude Lemieux)

la dépose du moteur, au remontage de celui de remplacement et au premier point fixe. En mettant les bouchées doubles, le travail est réalisable en quarante-huit heures!

En guise d'illustration, deux aventures entre cent. En décembre 1972, un tremblement de terre touche sévèrement le Nicaragua. Le jour de Noël, quatre Transall décollent d'Orléans pour la capitale Managua qu'ils rejoignent après 28h30 de vol. Les avions apportent du matériel de secours et sont placés à la disposition des autorités locales.

Dans les jours qui suivent, ils sillonnent le pays et transportent marchandises et personnes dans les régions les plus isolées, accumulant les atterrissages « sportifs » sur les terrains les plus confidentiels. L'équipage vit dans la soute de l'avion pendant tout le déploiement.

En mai 1978, c'est l'opération « Bonite »: trois Transall en provenance du Tchad participent au largage du 2e REP sur Kolwezi, ville minière du sud du Zaïre. L'intervention des légionnaires permet le sauvetage *in extremis* de plusieurs centaines d'expatriés européens menacés de mort par les rebelles katangais qui se sont emparés de la ville quelques jours plus tôt. Une fois la ville reprise en mains, les Transall assurent le soutien logistique des troupes françaises pendant toute la durée de leur présence.

Ci-dessus.
Ravitaillement en vol pour ces deux appareils qui semblent être étroitement imbriqués. « Le ravitaillement en vol est l'école de l'humilité » expliquent les pilotes de Transall. *(Jean-Louis Gaynecoetche)*

Ci-dessous.
Un Transall égaré sur un terrain moscovite, en soutien d'une visite protocolaire du « Normandie Niémen ». Le camouflage blanc est ici bien vu, mais totalement fortuit… *(coll. Jean-Louis Gaynecoetche)*

Outre les missions militaires et humanitaires, les Transall sont également impliqués dans le soutien logistique de l'industrie française: livraison de Mirage, soutien du Concorde et de l'Airbus A300 naissant, livraison de matériels nucléaires… Au passage, les avions sont présentés aux forces aériennes de nombreux pays traversés: Pérou, Égypte, Libye, Indonésie, Philippines, Inde. Faire partie d'un équipage de Transall, c'est l'assurance de sillonner la planète! Pour les navigants, c'est une belle découverte. Les « Voyages d'instruction longue distance » vers le Brésil et les États-Unis qui permettent de pratiquer la navigation « astro » laissent en particulier de bons souvenirs aux navigateurs.

Très appréciées également, les missions vers les économats américains

LES HELICES DU TRANSALL

Hélice métallique (moteur droit) et composite (moteur gauche) cohabitent sur cet avion. Les hélices composites sont plus légères et moins coûteuses à fabriquer, mais elles résistent moins bien aux impacts.
(Frédéric Lert)

Conçues par Hawker Siddeley et fabriquées sous licence par Ratier-Figeac, les hélices du Transall étaient initialement en alliage d'aluminium. Pour en diminuer le coût, elles sont maintenant fabriquées en matériaux composites. Les nouvelles hélices pèsent 200 kg de moins que les anciennes et permettent une mise en route plus rapide en raison d'une moins grande inertie. Les moteurs peuvent indifféremment tourner avec des hélices métalliques ou composites, les Transall étant même souvent vus avec une hélice de chaque type. Le composite présente toutefois l'inconvénient de moins bien résister aux impacts avec les pierres. Les mécaniciens en escadron peuvent certes réaliser des réparations de surface, mais un impact sévère, avec à la clef un risque de défragmentation du matériau composite, impose en revanche un retour chez le fabricant. Pour éviter cet écueil, les escadrons préfèrent voler avec des hélices métalliques, plus faciles à réparer, lorsque des opérations sur des terrains sommaires sont prévues.

Dans la poussière soulevée par les « reverses », les aérofreins pointent sur et sous la voilure.
(Frédéric Lert)

Changement d'un moteur à l'aide d'une « chèvre » installée sur le bâti moteur. *(Raoul du Poitou)*

LA PUISSANCE, TALON D'ACHILLE DU TRANSALL

Le Transall est équipé de deux turbopropulseurs Rolls-Royce Tyne 22, pratiquement identiques à ceux motorisant les Breguet Atlantic. Tout au long de la vie du Transall, ces moteurs ont été réputés pour leur fiabilité. Les décennies passant, les pannes se font toutefois de plus en plus nombreuses et entachent la disponibilité de l'avion. Les Tyne sont également connus pour leur robustesse. Les mécaniciens expliquent volontiers que « *même avec une turbine à moitié bousillée, le moteur continue de tourner. Le rendement n'est pas phénoménal, mais cela suffit à maintenir l'avion en vol…* »

Le grippage d'un palier ne fait pas *a priori* exploser le moteur qui va se recentrer tout seul grâce à la présence de matériaux abradables dans les turbines. Aucun Transall n'a été perdu en vol sur feu moteur et il est à espérer qu'il en soit ainsi jusqu'à la mise à la retraite de l'avion, malgré l'usure de plus en plus préoccupante des machines.

Le principal reproche que l'on puisse faire au Transall touche en fait à son manque de puissance. Si les Tyne sont effectivement très puissants (5665 CV théoriques chacun), ils mériteraient d'être plus nombreux sous l'aile! Sept ans avant le premier vol du Transall, le C-130A disposait déjà d'une puissance totale de quatre fois 3750 CV, soit 15000 CV, contre 11330 CV pour le C-160. Cinquante ans plus tard, le Hercules n'a cessé d'évoluer et la dernière version, C-130J, dispose de quatre fois 4910 CV, soit 19640 CV. Dans le même temps, la motorisation du Transall n'a connu aucune évolution en puissance, même si certains sous-ensembles ont pu être modernisés.

Cette faiblesse est aggravée par les conditions d'emploi de l'avion, très souvent confronté à des théâtres d'opération chauds ou en altitude. En effet, la diminution de la masse d'air absorbée par le moteur, en raison de la chaleur ou de l'altitude, oblige à réduire le débit de carburant et donc la puissance fournie afin de maintenir un dosage correct entre carburant et comburant. Au-delà de 20 °C, les performances au décollage du Tyne 22 diminuent d'environ un pour cent par degré supplémentaire, au niveau de la mer. La réduction concomitante de la masse au décollage se répercute sur la charge utile, seule variable d'ajustement. À titre d'exemple, un Transall décollant de Kaboul (altitude 1800 m) en milieu de journée et en plein été ne dispose que d'une charge utile d'environ trois tonnes, à condition encore d'injecter un mélange eau-méthanol dans les moteurs!

La vaporisation d'eau additionnée de méthanol (respectivement 56 % et 44 %) dans la veine d'air du turbomoteur permet de refroidir la masse d'air et d'augmenter sa masse volumique tout en apportant le méthanol comme carburant supplémentaire. Cette suralimentation permet de récupérer la puissance maximale du moteur pendant les quelques minutes nécessaires au décollage. Le mélange est stocké dans un réservoir de 325 litres placé dans la nacelle de l'atterrisseur droit. L'usage du mélange eau-éthanol est exceptionnel en Europe et très courant dans les latitudes inférieures au 15° Nord…

En définitive, le Transall n'a jamais bénéficié de la motorisation qui aurait permis d'en exploiter pleinement les capacités tactiques et finalement de l'adapter aux missions qui lui étaient confiées. Divers projets furent étudiés comme l'utilisation de la céramique pour certaines pièces critiques de la turbine, afin d'autoriser une augmentation de la température et donc de la puissance fournie. Une version plus puissante du Tyne, on parlait alors d'un moteur de 10000 CV, avait également été évoquée au lancement du programme. Les utilisateurs du Transall n'en virent jamais la couleur. Une chose semble certaine: lorsque la rénovation des Transall fut évoquée à la fin des années quatre-vingt, l'état-major eut à choisir entre l'avionique et la motorisation de l'avion. L'avionique fut choisie, et la motorisation laissée en l'état… ❑

de Berlin: chaque navigant partait avec sa liste de commissions et la douane volante attendait parfois sur le parking le retour de l'avion…!

Pour la plupart des navigants, la plus belle destination était toutefois la Nouvelle-Calédonie: en partant vers l'Est, l'avion passait par Djibouti, les Émirats Arabes Unis, Ceylan, Djakarta, Cairnes, Darwin et Nouméa. Vers l'Ouest il fallait passer par Keflavik, St-Johns, Wright Paterson et Los Angeles. L'étape suivante, Los Angeles-Honolulu, 2000 nautiques avalés en huit heures de vol à 250 nœuds de moyenne, était tout juste à la portée du Transall. Encore fallait-il que le vent contre fût inexistant ou faible! Après une journée de repos à Honolulu, un nouveau bond au-dessus du Pacifique entraînait le Transall vers Pago-Pago, un caillou sans plage perdu en plein océan. Puis Nouméa. L'équipage total comprenait trois pilotes, deux navigateurs et trois mécaniciens navigants. Le matériel embarqué en soute pouvait aller des pièces pour les Caravelle basées à Tahiti jusqu'à un hélicoptère complet. Le chemin retour passait par Tahiti, Hawaï et Los Angeles. Au total, une rotation complète consommait cent heures de vol, ne laissant finalement guère plus de deux cents heures de potentiel pour les avions parvenus à Nouméa. Les relèves devaient être trimestrielles.

DES PLUS FAIBLES AUX PLUS PUISSANTS

Polyglotte et doué d'empathie, le Transall est aussi et avant tout défini par sa carrure: avec sa soute de 115,3 m^3, l'avion est en fait limité dans ses emports par la puissance disponible plus que par le volume offert[6]. Tout ou presque a pris place dans une soute de Transall: de la bombe atomique à destination de Mururoa jusqu'à la Papamobile, en passant par des palettes de billets de la Banque de France, la valise diplomatique (régulièrement, un Transall fait la tournée des capitales du bassin méditerranéen pour apporter les précieuses valises…), des munitions, de la nourriture (et son corollaire, des palettes de papier hygiénique…), des animaux de toutes natures (parfois clandestins, serpents, lézards et araignées de toutes sortes…) et bien entendu des hommes et des femmes de toutes conditions.

Expatriés, réfugiés, déplacés, toutes les misères du monde sont passées par les soutes des Transall qui battent record sur record à chaque déploiement en Afrique. Donné pour une capacité théorique de 91 pas-

6. Dimensions de la soute, dont le profil de section est calqué sur le gabarit SNCF: longueur hors rampe: 13,51 m; largeur: 3,15 m; hauteur: 2,98 m.

Mécanicien au travail sur le groupe auxiliaire de puissance. *(Frédéric Lert)*

Le chargement d'un Tigre dans un Transall nécessite un important travail de démontage de l'hélicoptère. Les bras d'armement, le rotor anti-couple, la tête rotor et même la tourelle avec le canon de 30 mm doivent être déposés avant de faire délicatement entrer l'hélicoptère dans la soute… *(Gamstat)*

Ravitaillement d'un Puma de l'ALAT par un Transall sur le terrain de Moussoro, dans le centre ouest du Tchad. *(Sirpa Air)*

Ci-contre, à gauche.
Cette vue aérienne de Cayenne Rochambeau (Guyane) met face à face un C-130 Hercules avec un C-160 Transall. Nul doute que ce dernier aurait mérité deux moteurs supplémentaires…
(Frédéric Lert)

(DR)

Ci-contre, à droite.
Cet appareil du « Béarn » a été endommagé par un coup direct de RPG-7 sur l'aéroport d'Abidjan, pendant l'opération Licorne. L'avion fut sommairement réparé sur place et rentra en France par ses propres moyens…

En bas
Image emblématique du Transall en Afrique, prêt à embarquer des civils évacués.

sagers assis, un appareil basé à N'Djamena embarque un jour 170 hommes, femmes et enfants dans sa soute. À l'atterrissage, les passagers sont 171 : une mère de 24 ans a accouché de son huitième enfant! Autre record enregistré : 208 Tchadiens, dont de nombreux enfants, embarqués au cours d'une mission d'évacuation.

À l'autre bout de l'échelle sociale, citons Jacques Chirac, alors Premier Ministre, qui choisit un jour de rentrer du Canada à bord d'un Transall de l'« Anjou », l'avion du GLAM étant indisponible. Au cours du vol, l'équipage dresse la table pliante dans la soute. On sort les sièges de camping, le réchaud, les assiettes en carton et le cassoulet.

« *On mange sec ?* » demande le Premier Ministre.

« *On ouvre une quille ?* » demande à son tour le mécanicien-navigant au commandant de bord. Et la bouteille de rouge est sortie pour le plus grand bonheur du VIP. En remerciement de son hospitalité, l'escadron recevra quelques semaines plus tard la médaille de Matignon! Les repas en vol ont souvent été de grands moments dans la vie des équipages confrontés à de très longues étapes monotones. Sous le sceau du secret, on évoque dans les escadrons des fondues, des gambas flambées et autres joyeusetés culinaires sur des tables proprement dressées et bien calées en soute…

FACE AUX MENACES

À partir de la fin des années soixante-dix, les opérations auxquelles sont mêlées les forces françaises se multiplient. Les Transall sont toujours présents, *(suite page 32)*

(coll. Jean-Louis Gaynecoetche)

DANS LE POSTE...

L'équipage de cet appareil du « Béarn » porte des parachutes. Il s'agit donc d'une mission de ravitaillement en vol. *(Frédéric Lert)*

L'usure des Transall de l'Armée de l'Air pourrait-elle se mesurer à l'aune de ce qui est visible dans le poste de pilotage ? Peu scientifique, la méthode serait toutefois très révélatrice, car les signes de fatigue ne manquent pas. Les coussins des sièges d'équipage sont élimés, la mousse apparaissant par endroits. La peinture des planches de bord est écaillée et les capitonnages ne sont pas toujours de toute fraîcheur. Un état des lieux que peu de monde accepterait pour sa voiture mais qui pourtant forme le cadre de travail des équipages.

Moins palpable et pourtant infiniment plus gênant, le poste de pilotage du Transall recèle aussi quelques défauts de conception. Le chauffage marche bien mais le refroidissement est plus approximatif. Ennuyeux pour un avion qui passe un temps considérable en Afrique…

« *Difficile d'obtenir 5 °C de moins que la température extérieure* » notent les équipages. « *L'avion est impossible à climatiser au sol. Il est aussi bruyant et très mal pressurisé, ce qui rend les longs vols épuisants. Le Transall est en théorie limité au niveau 300 (30 000 pieds, soit 9 000 m). Mais en pratique, on ne dépasse guère le niveau 210 en raison de la faiblesse de la motorisation et de la pressurisation. Même à cette altitude, il nous arrive de nous mettre sous oxygène pour pallier la pressurisation trop faible* » [1]

Ceci posé, l'avion reste très populaire auprès de son équipage. En premier lieu parce qu'il lui offre des missions à nulles autres pareilles. Parachutage, poser d'assaut, ravitaillement en vol, transport logistique, l'éventail des missions est large et oblitère toute idée de routine. Les équipages accumulent aujourd'hui de 300 à 400 heures de vol par an. C'est peu par rapport aux « anciens » du CoTAM, mais cela reste beaucoup lorsqu'il s'agit de concilier vie de famille et opérations extérieures…

L'équipage standard comprend deux pilotes, un navigateur et deux mécaniciens navigants dont un faisant office de chef de soute. En charge de la gestion des contre-mesures de l'avion et des systèmes éventuellement déployés en soute (transmissions, appareillage photographique…), le navigateur est également appelé NOSA (Navigateur Officier Système d'Arme). Assis dos à la marche, face à un étroit bureau surmonté des équipements de navigation, il dispose d'une vue très limitée sur le monde extérieur. Il se rattrape toutefois avec le cynemodérivomètre, placé contre la cloison droite du fuselage, et faisant office de périscope. L'instrument peut servir dans deux cas précis : la surveillance des arrières de l'avion en cas de menace sol-air (bien que le NOSA soit principalement occupé dans ce cas-là par la gestion de l'autoprotection de l'avion) et le contrôle des avions venant se ravitailler en vol sur les appareils équipés d'une nourrice. Le tableau de bord des appareils rénovés est dominé par l'affichage tête haute, ou « Head Up Display » (HUD) [2]. Le HUD offre une recopie des principaux instruments de pilotage présents sur le tableau de bord : horizon simplifié, indicateur de vitesse, altitude, configuration de l'avion (train, aérofreins etc.). Accélération et décélération sont indiquées avec des chevrons d'énergie et la piste est matérialisée lors des percées ILS. Le HUD se révèle particulièrement utile pendant les vols à vue en basse altitude et les parachutages, lorsque le pilote se doit de regarder en permanence à l'extérieur. Sur le HUD peuvent également apparaître les limites d'une zone de parachutage, un guidage complet en écart latéral en fonction du vent subi et le décompte complet jusqu'au « top largage ». Le système est d'ailleurs homologué pour larguer sans références visuelles.

Pour des raisons financières, les HUD sont absents la plupart du temps de la place droite. Seuls les avions de la DOS (voir chapitre 3) sont équipés en permanence des HUD en places gauche et droite.

La planche de bord est elle-même très classique, avec notamment une commande de train d'atterrissage proéminente, hormis la présence des EFIS (écrans multifonctions) ajoutés sur les appareils rénovés. Le Détecteur d'Alerte Missile (DAM), dont le navigateur dispose d'une recopie, occupe également une place centrale. Le pilote automatique (PA) est d'un usage très courant dans ses différents modes : mode « logistique » pour suivre une route aérienne ou mode « tactique » pour suivre un cheminement préparé au Melissa (système de préparation de mission au sol). Le PA permet l'interception à la montée ou à la descente d'une altitude ou d'un niveau de vol, ainsi que le guidage complet sur l'axe et le plan dans le cas d'un atterris-

1. La présence de la rampe et la porte de soute arrière rend difficile une pressurisation efficace de l'avion. Mais cela n'a pas que des désavantages : une pression un peu faible en soute a le don de faire très vite somnoler les passagers un peu turbulents…

2. Également appelé en bon français, VTH pour Visualisation Tête Haute.

La planche de bord du Transall, même « rénové », reste très classique. On remarquera la poignée bleue largement dimensionnée de la commande de train d'atterrissage et l'écran du radar, au centre. *(Frédéric Lert)*

sage aux instruments. Le PA peut être débrayé d'une pichenette du pouce sur le montant gauche du volant. Sur le montant droit ou gauche (la position est inversée d'une place à l'autre) la commande du trim de direction et de gauchissement et celle des aérofreins (uniquement sur le volant de la place gauche pour les avions NG) utilisable pendant le ravitaillement en vol.

La console centrale, entre les deux pilotes, porte les grosses roues du trim de profondeur et les commandes de puissance et d'alimentation des moteurs mises en œuvre par le mécanicien navigant. Celui-ci coordonne toute la séquence de démarrage et dispose face à lui de toute l'instrumentation moteur.

Le commandant de bord est en général assis en place droite, la place gauche avec le HUD étant réservée à la personne la moins qualifiée. Les sièges sont réglables, tout comme les palonniers. Les accoudoirs sont généreusement dimensionnés. Malgré l'usure des matériels, « transport doit rimer avec confort » nous dit l'adage…

En vol, le Transall est défini comme un avion très sain, avec de bonnes réactions aux commandes. Volets sortis, son faible rayon de braquage et sa faible vitesse pourraient lui sauver la mise en cas d'attaque par un chasseur. C'est un avion fin, qui peut laisser le choix à son pilote, en cas de fort vent de travers, de se poser sur le train principal gauche ou droit. Ou même de faire un atterrissage trois points, avec un « cassage de pente » mais sans arrondi, dans un cadre tactique et pour garantir une très grande précision de toucher. L'avion tape fort dans ce cas-là, mais il est conçu pour ça… Il n'y a guère que le poser « viril » dissymétrique que l'avion n'apprécie pas. Le freinage se fait avec les reverses en s'aidant des freins si besoin est (piste très courte par exemple). Une spécialité du Transall est l'approche à grande pente, jusqu'à 15° si besoin est (contre 3° en temps normal). Dans les faits, une approche à 10° permet de pratiquement arriver verticale terrain en altitude et de rejoindre directement la piste.

Le Transall est aidé dans ces circonstances par ses larges aérofreins disposés sur l'intrados et l'extrados des ailes. Les aérofreins permettent de tutoyer les grandes pentes et d'ajuster finement le « vario » (taux de descente) sans laisser l'avion accélérer outre mesure. Ils permettent aussi des ajustements très fins de la vitesse pour des arrivées sur l'objectif à la seconde près.

Le point faible de l'avion tient dans sa motorisation insuffisante, évoquée par ailleurs. Mais les pilotes font toutefois remarquer l'excellente tenue de l'avion sur monomoteur, sauf lorsqu'il s'agit de grimper par temps chaud lors de remise de gaz ou de décollage en altitude. ❒

Un dernier coup de lampe torche sur la planche de bord avant de mettre en route l'avion pour un vol aux JVN. L'utilisation des JVN impose le port d'un casque sur lequel elles sont accrochées.

(Frédéric Lert)

(Frédéric Lert)

Le navigateur penché sur le cynémodérivomètre lui permettant de suivre le bon déroulement des opérations de ravitaillement en vol.

(Frédéric Lert)

Console centrale dans le cockpit, avec de part et d'autre les grosses roues du trim.

Un Transall, ça se conduit comme un camion… en jouant des freins, des « reverses » et du train avant directionnel, le Transall peut être manœuvré avec une très grande précision au sol.

PREMIERS VOLS

L'avion est impressionnant pour les jeunes pilotes frais émoulus de l'école de pilotage d'Avord. Les systèmes sont complexes et leur apprentissage demande beaucoup de travail et d'attention, d'autant que le pilote doit aussi comprendre comment fonctionne l'instrumentation destinée au mécanicien navigant et au navigateur. La difficulté est aussi de gérer un véritable travail en équipage.

« *La première année c'est la douche froide* » explique une jeune pilote. « *On a d'ailleurs du mal à s'ouvrir sur le travail des autres parce qu'on a soi-même beaucoup de choses à apprendre* »

Le premier vol sur Transall est précédé de nombreuses séances de simulateur. Rien ne remplace toutefois les premiers instants dans le cockpit, perché deux ou trois mètres au-dessus du sol, aux commandes d'un avion bien plus imposant que le Xingu piloté à Avord.

« *La première chose qui impressionne c'est le roulage* » poursuit notre pilote. « *C'est comme conduire un camion : il faut beaucoup anticiper et faire feu de tout bois dans les virages en jouant des reverses, de la dissymétrie des gaz, des freins et de la commande du diabolo avant qui se trouve uniquement en place gauche. Quand l'avion est très lourd, il faut freiner au moteur avant les virages pour éviter au maximum d'utiliser les freins de roues qui ont tendance à chauffer rapidement…* » ❐

Ci-contre.
Le navigateur au travail face à ses équipements de navigation, assis dos à la marche.

(suite de la page 27)
assurant sans cesse la logistique quel que soit l'éloignement du théâtre d'opération. « *Les avions transpirent à grosses gouttes d'eau-méthanol et ramassent quelques belles ampoules aux pneus sur les pistes africaines* »[7].

On citera par exemple les opérations « Magnolia » au Cambodge, « Scorpion » en Tunisie, « Requin » au Gabon, « Verdier » au Togo, « Amaryllis » et « Turquoise » au Rwanda, « Verveine » au Zaïre, « Froment », « Camomille », « Tacaud », « Manta » ou « Épervier » au Tchad. Dans ce pays, assidûment fréquenté, les Transall ravitailleurs sont bien utiles pour apporter un soutien aux chasseurs en se positionnant très au Nord dans le pays, sur des terrains inaccessibles aux C-135FR.

La capacité à ravitailler avions et hélicoptères au sol est également très souvent mise à profit en Afrique. Sur les avions d'ancienne génération, des lignes de ravitaillement vont puiser (grâce à une motopompe) dans les réservoirs de l'avion via le point de remplissage au sol. Sur les Transall ravitailleurs, le flexible de ravitaillement en vol est utilisé en remplaçant le panier par un raccord standard d'avitaillement. L'APU de l'avion suffit alors à transférer le carburant.

Les années quatre-vingt-dix voient arriver la première guerre du Golfe et les opérations sur l'ex-Yougoslavie. Le 28 juin 1992, un Transall inaugure le pont aérien en direction de Sarajevo. Pour la première fois, les Transall sont placés de façon durable face à la menace sol-air. Le pont aérien se termine en janvier 1996, mais entre-temps d'autres opérations ont été lancées sur

7. Belle image utilisée par le LCL Prévert dans « Force Aérienne de Projection » d'Alexandre Paringaux.

Les différentes étapes d'un « poser d'assaut » en Transall. L'écrasement du nez sur la dernière image indique que l'équipage a engagé les « reverses ». L'avion s'immobilise en 400 mètres environ après le toucher des roues. *(Frédéric Lert)*

l'ex-Yougoslavie : pendant les neuf mois de la mission « Courlis » en 1993, un Transall décolle chaque nuit de France pour aller larguer des vivres sur la Bosnie. Deux techniques de parachutage sont à cet effet utilisées : le largage sur palette avec un seul parachute frein (système « Contain Delivery System ») ou bien le largage en chute libre, à la manière de tracts, de rations individuelles. Plus de 930000 rations sont ainsi larguées en 270 missions.

Des chantiers sont lancés dans l'urgence pour doter les avions d'une autoprotection efficace. Dans un premier temps, douze appareils reçoivent un ensemble d'auto-protection complet comprenant un détecteur d'alerte Sherloc, un détecteur d'arrivée missile, deux lance-leurres IR et EM installés de chaque côté du fuselage (dans les carénages de train et à l'arrière du fuselage) et 260 kg de blindages dans le poste de pilotage. Cette auto-protection sera modernisée en 2003.

En 1994, l'arrivée des premiers avions rénovés coïncide avec la dissolution des escadres et la transformation du CoTAM en FAP (Force Aérienne de Projection). Les escadrons de Transall se retrouvent autonomes. Les opérations se succèdent encore tout au long des années quatre-vingt-dix en Afrique et dans les Balkans : pour la seule année 1997, les Transall interviennent par exemple afin d'évacuer des ressortissants au Sierra Leone (opération « Espadon »), au Zaïre (opération « Isard ») et au Congo (opérations « Antilope » et « Pélican »). C'est d'ailleurs au cours de l'opération « Pélican » qu'est mis en pratique, pour la première fois, le système des « postures de réaction » endossé par les escadrons.

En 1999, c'est un pont aérien humanitaire qui est organisé en direction de Tirana (Albanie) pour soutenir le Kosovo. En 2000, le vieillissement des Transall se rappelle brusquement au bon souvenir de l'Armée de l'Air ; l'apparition de criques sur les poutres marginales de fixation des rampes arrières immobilise dix appareils français. Dix autres appareils ne sont plus autorisés à ouvrir leur rampe en vol. À l'époque, soixante-treize appareils servent encore au sein de l'Armée de l'Air, dont soixante-six dans des missions de transport classiques. Quarante-six de ces avions appartiennent à la première série et affichent alors une moyenne d'âge proche de trente ans. Quant aux tout premiers avions fabriqués, ils arrivent à bout de potentiel et commencent à être retirés du service.

Ironie du sort, c'est aussi en 2000 que le dernier Transall Rénové est livré à l'Armée de l'Air. L'activité reste très soutenue, des avions étant intégrés en permanence dans des Groupements de Transport Opérationnels (GTO) sur les théâtres tchadien, afghan (à partir de décembre 2001) et ivoirien (opération « Licorne » à partir de septembre 2002)

Débarrassé de ses carénages, le train principal du Transall signé Messier. Une belle pièce de mécanique qui offre à l'avion ses caractéristiques tout terrain.

(coll. Jean-Louis Gaynecoetche)

LES TRANSALL DETRUITS SUR ACCIDENT

Le Transall est un avion très sûr. En plus de quarante-cinq années d'opération, huit avions ont été perdus par l'Armée de l'Air, la plupart du temps à la suite d'erreurs de pilotage. L'abordage de deux avions en 1984 a débouché sur les seules pertes en vies humaines. Voici, ci-dessous, un bref rappel des circonstances ayant débouché sur la perte des différents avions.

— Le 26 mars 1969, un Transall est accidenté à l'atterrissage sur le terrain de Flores, dans l'archipel portugais des Açores. Deux mois plus tard, le 29 mai 1969, le Transall F14 (« 61-MI ») est envoyé sur place pour venir dépanner le premier appareil. Les conditions particulières d'aérologie de ce terrain trompent également l'équipage du deuxième avion qui heurte la marche du seuil de piste et efface son train. L'avion est complètement détruit dans l'accident mais l'équipage est sauf. L'Armée de l'Air décidera alors de l'envoi d'un troisième avion avec un équipage du CEV pour étudier l'approche de ce terrain et mettre au point une procédure spécifique. À noter que le premier avion, faiblement endommagé, sera remis en état de vol.

— Le seul accident mortel a lieu le 23 novembre 1984, lorsque deux appareils utilisés par le CIET, les Transall F156 (« 61-ZV ») et F209 (« 64-GI ») entrent en collision en vol à l'issue d'un entraînement au parachutage dans le sud-ouest de la France. Les treize occupants des deux avions sont tués.

— Le Transall F227 (« 64-GP ») est détruit par le feu le 17 mars 1993 sur le parking de la base aérienne d'Evreux-Fauville. De retour de mission, l'équipage a quitté l'avion sans remarquer aucune anomalie, mais dans les minutes suivantes, du liquide hydraulique commence à fuir sur les blocs de freins toujours très chauds. Un feu se déclenche et consume totalement l'avion. Depuis, les puits de train des avions rentrant de mission sont systématiquement inspectés par les pistards qui viennent glisser leur main entre les blocs de freins. Si la chaleur ressentie est forte, le frein de parking n'est pas mis (il exige la mise en pression de l'hydraulique) et l'avion est immobilisé avec des cales.

Le 64-GV, posé sur le ventre dans un pierrier d'avalanche.
(coll. Jean-Marie Wuillemain)

— Le 6 avril 1995, le Transall F222 (« 64-GV ») évolue en Corse sous une forte couverture nuageuse. À la suite d'une erreur de navigation, l'avion s'engage dans une mauvaise vallée. Après quelques minutes de vol, le relief se resserre et le fond de vallée remonte brusquement devant l'avion. L'équipage n'a d'autre choix que de cabrer au maximum et se poser droit devant, à 1300 m d'altitude, dans un pierrier d'avalanche présentant une pente de 65 % ! L'avion se pose en arrachant l'extrémité de ses deux ailes. L'équipage, indemne, peut se préparer à un délicat compte-rendu…

— Le 9 décembre 1996, le Transall F155 (« 61-ZU ») subit une double extinction moteur en raison du givrage. L'avion, qui est en longue finale sur la base d'Orléans-Bricy, se pose sur le ventre, train rentré, à moins de quatre nautiques de l'entrée de piste. L'avion coupe au passage une ligne haute tension et laboure généreusement le champ qui l'accueille. L'équipage en est quitte pour quelques émotions. L'avion est réformé et son nez récupéré pour être exposé à l'entrée de la base.

— Le 6 mai 2004, le Transall R100 (« 61-ZR ») est au roulage sur le parking de la BA 365 de Fort de France (Martinique) lorsqu'un câblage électrique déficient fait exploser un réservoir de carburant dans une aile. Aucun des huit passagers n'est blessé pendant l'évacuation. Le R100 est réformé. Démonté sur place, il est ensuite ramené en France sur une barge. ❐

Le 61-ZG (F89) a été très endommagé à l'atterrissage sur la piste de Tbeng Meanchey, au Cambodge (ci-contre, à gauche). Réparé sur place, il est rentré en France par ses propres moyens, porteur d'un joli « nose art ».

(coll. Jean-Louis Gaynecoetche)

(coll. Jean-Louis Gaynecoetche)

Variation sur un thème : le secours aux populations. Le Jaguar était synonyme d'avion de combat pour les Africains. Le Transall aurait pu être quant à lui synonyme de secours et d'assistance.

(Frédéric Lert)

LES C-160 TRANSALL DE L'ARMEE DE L'AIR

Transall C-160A (numéro constructeur A04 — numéro de série A04 — F-ZWWT). Berlin-Tegel (Allemagne), 1966. Cet avion à nez court, l'un des trois exemplaires de présérie français (numéros de série pairs), est dépourvu de tout camouflage et porte, en plus des cocardes nationales, les deux dernières lettres de son immatriculation civile. Si deux équipes de marque furent officiellement constituées afin de mener les essais d'évaluation des avions, ces derniers furent dans la réalité servis par des équipages mixtes, franco-allemands.

Transall C-160F (n° 54 — R54 — 61°MZ) de l'ET 01.061 « Touraine ». Orléans-Bricy (BA 123 « Commandant Paoli »), 1976. Cet avion porte le marquage classique des Transall au début de leur utilisation dans l'Armée de l'Air : cocardes de grand diamètre à liseré jaune, couleur reprise pour les codes de fuselage, également de grande taille et insigne de l'escadre devant la porte d'accès. Pour l'anecdote, les indications de danger, au niveau des pales d'hélices, étaient à l'origine portées dans les deux langues des constructeurs, français et allemand. Le « Touraine » fut le premier escadron à être transformé sur Transall, à partir de la fin de 1967, l'ensemble de l'escadre étant équipé quatre ans plus tard.

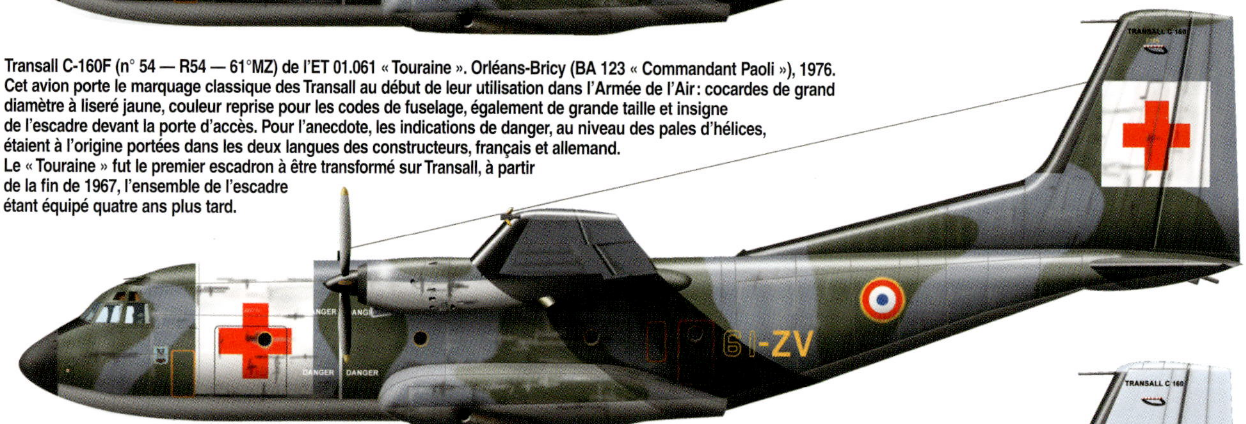

Transall C-160F (n° 156 — F156 — 61°ZV) de l'ET 02.061 « Franche Comté ». Bangkok-Don Muang (Thaïlande), 1979. Dans le cadre de l'opération « Magnolia » placée sous l'égide de la Croix Rouge Internationale, un Transall de l'ET 02.061 fut détaché en Thaïlande afin d'effectuer des missions à caractère humanitaire au profit des populations cambodgiennes gravement éprouvées par la disette. Plusieurs rotations entre Bangkok et Pnom Penh furent effectuées, tandis que 200 personnes furent évacuées. À cette occasion, le Transall arborait de grandes croix rouges sur fond blanc sur le fuselage, la dérive et les ailes.

Transall C-160F (n° 5 — F5 — 61°ME) de l'ET 01.061 « Touraine ». Orléans-Bricy (BA 123 « Commandant Charles Paoli »), octobre 1987. À l'occasion du vingtième anniversaire de la création du CoTAM et de la 500 000e heure de vol du Transall, cet appareil fut spécialement décoré par le GERMaS 15.061. Sur la nacelle du train gauche étaient inscrits les noms de toutes les unités utilisatrices du Transall, tandis que la dérive, peinte en bleu ciel, arborait l'insigne du CoTAM représentant deux canards tirant une tortue au bout d'une corde au-dessus du globe terrestre.

LES C-160 TRANSALL DE L'ARMEE DE L'AIR

Transall C-160F (n° 16 — F16 — 61°MK) de l'ET 01.061 « Touraine ». Orléans-Bricy (BA 123), 1988. Ce Transall fut le seul de son genre à porter un camouflage « désert » similaire à celui arboré à l'époque par les Mirage F1 et autres Jaguar déployés notamment en Afrique.

Transall C 160R (n° 13 — R13) de l'ET 01.061 « Touraine » Orléans-Bricy (BA 123), 1995. Afin de donner une apparence un peu moins « guerrière » aux Transall engagés dans des opérations à caractère humanitaire, le camouflage d'origine est souvent remplacé par une livrée intégralement blanche, seules les cocardes nationales ainsi que le numéro de série, en haut de la dérive, étant ici conservés. La mention « United Nations » ou des croix rouges peuvent, selon les cas, être ajoutées.

Transall C-160R (n° 89 — R89 — 61°ZG), de l'ET 03.061 « Poitou ». Kaboul (Afghanistan), 2004. Cet avion modernisé a été photographié sur l'aéroport afghan lors d'une mission de ravitaillement des troupes françaises. Sa livrée relativement propre tranche avec celle, habituelle, des Transall français, plutôt « fatiguée » et dénotant l'intense activité des C-160 de l'Armée de l'Air, présents sur tous les fronts, souvent dans des conditions très difficiles.

Transall C-160R (n°A02 — RA02 — 61°MI) de l'ET 01.061 « Touraine ». Orléans-Bricy (BA 123), 2005. Cet appareil fait partie du lot de présérie français (numéro constructeur commençant par « A- ») et a repris le code (« Mike India ») d'un appareil du « Touraine » accidenté en mai 1969.

LES C-160 TRANSALL DE L'ARMEE DE L'AIR

Transall C-160R (n° 93 — R93 — 61°ZK) de l'ET 03. 061 « Poitou ». Orléans-Bricy (BA 123), 2008.
Avec l'arrivée du C-130 Hercules à l'ET 02.061 « Franche Comté » à partir de 1988,
les appareils de cet escadron furent reversés aux deux autres unités de la 61e Escadre basée à Orléans.

Transall C-160NG (n° 220 — R-217 — 64°GQ) de l'ET 02.064 « Anjou ». Evreux-Fauville (BA 105 « Commandant Viot »), 2005.
La 64e Escadre dut attendre 1982 pour commencer à remplacer ses vénérables Noratlas dont le dernier vol eut lieu en juillet 1984.
C'est pourquoi elle fut la seule unité à recevoir les Transall « Nouvelle Génération », surnommés « Licorne » en raison
de la présence de leur perche de ravitaillement au-dessus du poste de pilotage. Lors de la réorganisation des unités
de l'Armée de l'Air, en 1994, la 64e Escadre de Transport fut dissoute, ses deux escadrons (« Béarn » et « Anjou »)
devenant indépendants.

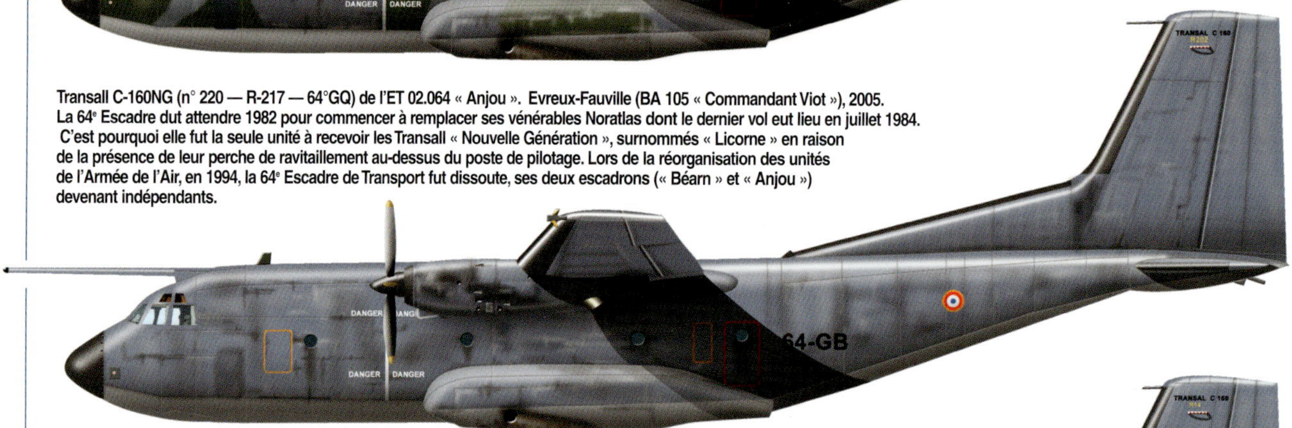

Transall C-160R (n° 202 — R202 — 64°GB) de l'ET 01.064 « Béarn ». Evreux-Fauville (BA 105), 2007. Après avoir porté,
pendant près d'une trentaine d'années, un camouflage composé de taches vertes et grises sur un dessous aluminium,
les Transall de l'Armée de l'Air furent repeints en gris foncé au début du présent siècle. Cette livrée ne reste
généralement pas longtemps immaculée, de nombreuses retouches étant effectuées, au gré des réparations
et autres visites d'entretien.

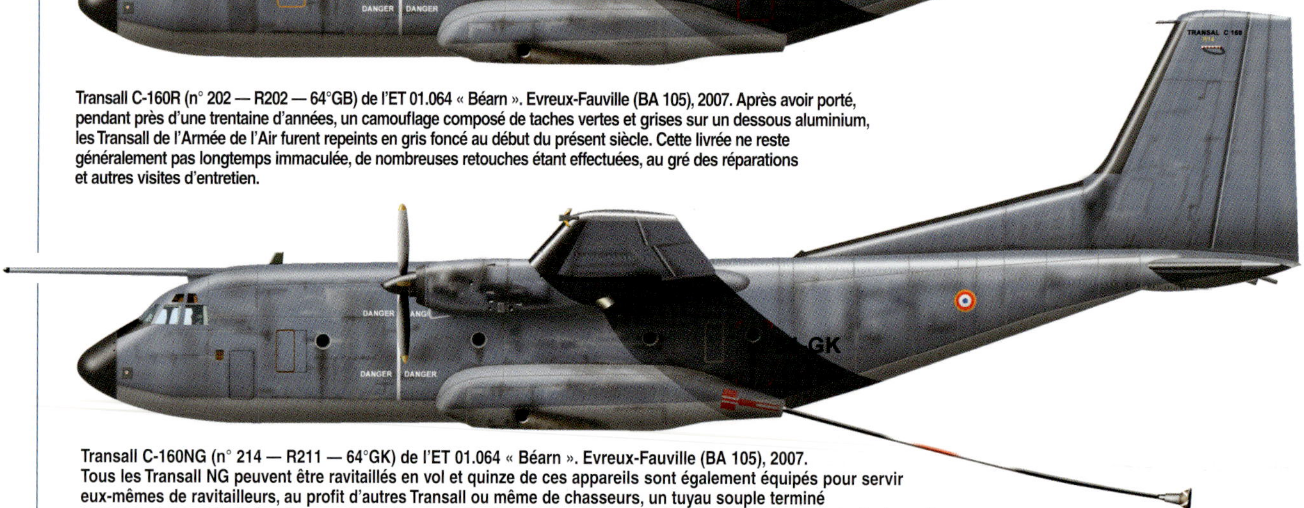

Transall C-160NG (n° 214 — R211 — 64°GK) de l'ET 01.064 « Béarn ». Evreux-Fauville (BA 105), 2007.
Tous les Transall NG peuvent être ravitaillés en vol et quinze de ces appareils sont également équipés pour servir
eux-mêmes de ravitailleurs, au profit d'autres Transall ou même de chasseurs, un tuyau souple terminé
par un panier gonflable (système *probe and drogue*) étant placé dans la nacelle du train d'atterrissage principal gauche.

LES C-160 TRANSALL DE L'ARMEE DE L'AIR

Transall C-160H (n° 232 — H04 — 59°BD) « Astarté » de l'Escadron Avion 01.059 « Bigorre ». Evreux-Fauville (BA 105 Commandant Viot), 1992. Similaires aux Lockheed OC-130 et Boeing E-6 Mercury de l'US Navy, les quatre Astarté (Avion STAtion Relais de Transmissions Exceptionnelles), utilisés pour la transmission de messages radio aux sous-marins nucléaires en plongée, furent utilisés par le « Bigorre » de 1988 à 2001. Retirés du service car jugés trop onéreux à entretenir, leur transformation en appareils de transport standard n'eut pas lieu car elle aussi fut jugée trop chère. Créé à la fin de 1988, l'EE 00.059 fut rebaptisé EA 01.059 « Bigorre » en septembre 1992 et rattaché au Groupe Aérien 00.059 « Astarté ». Le dernier Astarté (H04) ayant quitté Evreux en juillet 2001, l'escadron fut dissous le mois suivant.

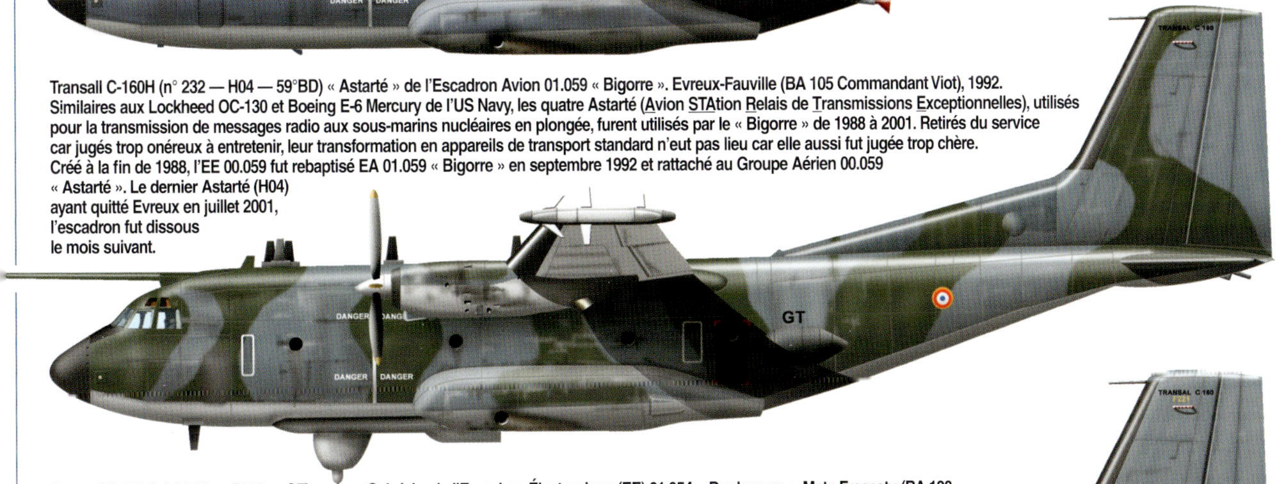

Transall C-160G (n° 219 — F216 — GT) « Gabriel » de l'Escadron Électronique (EE) 01.054 « Dunkerque ». Metz-Frescaty (BA 128 « Lieutenant-colonel Dagnaux »), 1992. Au début de leur utilisation, les deux Transall Gabriel du « Dunkerque » furent camouflés comme leurs homologues de transport. En revanche, leur marquage était plus discret, avec seulement les deux dernières lettres de leur code, sur le fuselage, en caractères de petite taille.

Transall C-160G « Gabriel » (n° 224 — F-221 — GS) de l'Escadron Électronique Aéroporté (EEA) 01.054 « Dunkerque ». Metz-Frescaty (BA 128), 2006. Les deux seuls exemplaires de cette version de reconnaissance électronique (ELINT) du Transall, qui remplacent les Noratlas « Gabriel », sont mis en œuvre par le « Dunkerque » depuis 1989. Après la dissolution de la 54e Escadre de Renseignement Aéroporté (ERA), en septembre 2006, l'Escadron Électronique 01.054 « Dunkerque » devient Escadron Électronique Aéroporté 01.054.

Transall C-160P (n° 16 — F16 — F-BUFP) d'Air France. Paris-Le Bourget, 1975. À partir de juin 1973, quatre Transall de l'Armée de l'Air furent loués pour cinq ans par le ministère des Postes et Télécommunications. Utilisés pour l'acheminement du courrier de nuit (« Aéropostale de nuit »), les appareils, rebaptisés C-160P, avaient reçu une certification civile et été modifiés pour leur nouvel usage. Ils portaient la livrée d'Air France, ainsi que le logo de la Poste, sur le gouvernail. À la fin de leur utilisation civile, deux appareils seulement furent réintégrés dans l'Armée de l'Air, celui visible ici devenant le « Mike Kilo » de l'ET 01.061 d'Orléans.

LES C-160 TRANSALL DE LA LUFTWAFFE

Transall C-160D (D-149 — 5112 — 51+12) du *Lufttransportgeschwader* 61 de la Bundesluftwaffe. Landsberg (Allemagne). 1977. L'insigne de l'escadre est peint sous le cockpit et celui du *Lufttransportkommando* (l'équivalent du CoTAM outre-Rhin) sur la dérive. Outre les nombreuses zones peintes en orange « day glo' », une retouche à la peinture blanche a été faite sous l'intrados gauche. Le code des Transall allemands est en fait composé des quatre chiffres de leur numéro de série au sein de la Luftwaffe.

Transall C-160D (D-80 — 5058 — 50+58) du LTG 63 de la Bundesluftwaffe. Hohn (Allemagne), 1989. Aux côtés des Belges et des Français, l'Allemagne contribua à l'opération « Lifeline Sudan » à partir d'avril 1989 au moyen de deux Transall du LTG 63. Dans un premier temps, ces appareils eurent leur intrados peint en blanc et reçurent de grandes croix rouges (portées de façon inhabituelle sur le fuselage) avant d'être intégralement repeints en blanc afin de mieux marquer le caractère pacifique de leur mission.

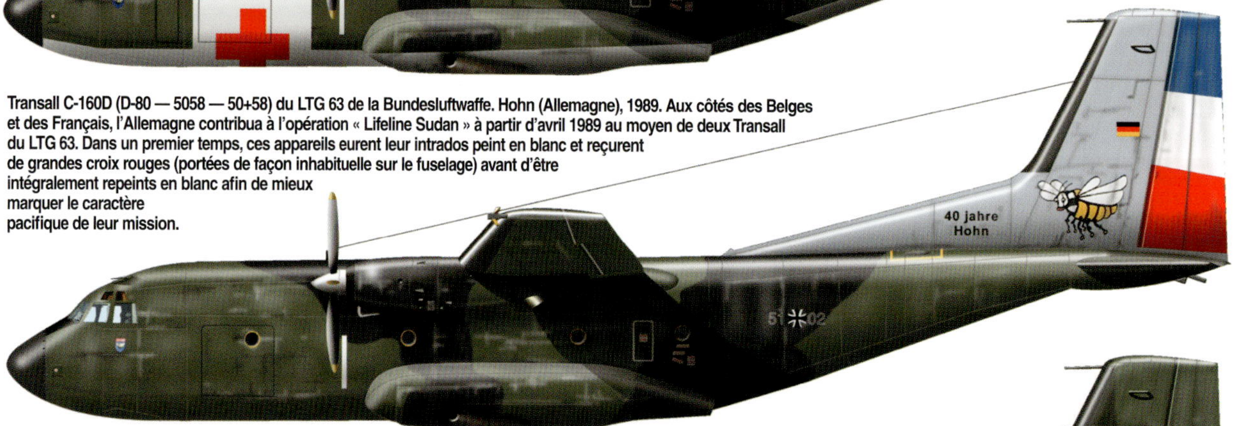

Transall C-160D (n° 139 — D139 — 51+02) du LTG 63 de la Luftwaffe. Hohn (Allemagne), 2007. Cet appareil fut spécialement décoré afin de célébrer le quarantième anniversaire de la mise en service du Transall au sein du LTG 63 dont l'insigne, une abeille, est peint sur la dérive, tandis que les trois couleurs de son insigne (bleu, blanc, rouge) sont reprises sur le gouvernail.

Transall C-160D (D-113 — 5076 — 50+76) du LTG 63 de la Luftwaffe. Hohn (Allemagne), juin 2008. Après avoir porté un camouflage, appliqué en usine, similaire à celui de leurs homologues français, les Transall allemands reçurent cette nouvelle livrée, aux teintes plus sombres, tandis que les marques voyaient leurs dimensions réduites. En revanche, le drapeau national est toujours porté sur la dérive.

LES C-160 TRANSALL A L'EXPORT

Transall C-160Z (n°Z-8 — 338) du No 28 Squadron de la *South African Air Force/Suid Afrikaanse Lugmag*. Waterkloof (Afrique du Sud). L'Afrique du Sud acheta neuf Transall en 1969 et les utilisa de manière intensive, notamment lors de la guerre contre l'Angola. Ils furent retirés du service en 1993 et remplacés par des C-130. Ces avions commencèrent leur carrière dépourvus de toute peinture et reçurent au début des années quatre-vingt un camouflage trois tons (sable et vert au dessus, gris clair en dessous) nettement plus adapté à leurs missions et leur environnement.

Transall C-160T (D-33 — 033 — 12-033) du 221. *Ulastirma Filosu* (escadron de transport) « *Esen* » (brise) de la 12nci *Hava Ulastirma Ana Üs* (HUAÜ) de la *Türk Hava Kuvvetleri* (armée de l'Air turque). Kayseri-Erkilet (Turquie), 1989. Avant d'être repeints entièrement en gris, les vingt Transall achetés à l'Allemagne par la Turquie conservèrent dans un premier temps leur camouflage d'origine, avec leur numéro de série porté sur une bande blanche de dérive surmontée du drapeau national. L'insigne derrière la porte d'accès latérale est celui de la THK.

Transall C-160T (D-35 — 035 — 69-035) du 221. Filo. Kayseri-Erkilet (Turquie), 2008. Cet avion, qui arbore l'insigne de son escadron sur la dérive, a été utilisé pour le soutien de la patrouille acrobatique nationale « The Turkish Stars » en 2008, les appareils normalement affectés à cet usage (C-130 Hercules et C-160) portent généralement une décoration spéciale, aux couleurs de la patrouille. L'immatriculation de cet ancien avion allemand (69-035) modernisé (nouvelle désignation C-160T) reprend son numéro de série constructeur d'origine auquel est ajoutée la date de construction (1969) en guise d'« année fiscale », selon le modèle américain.

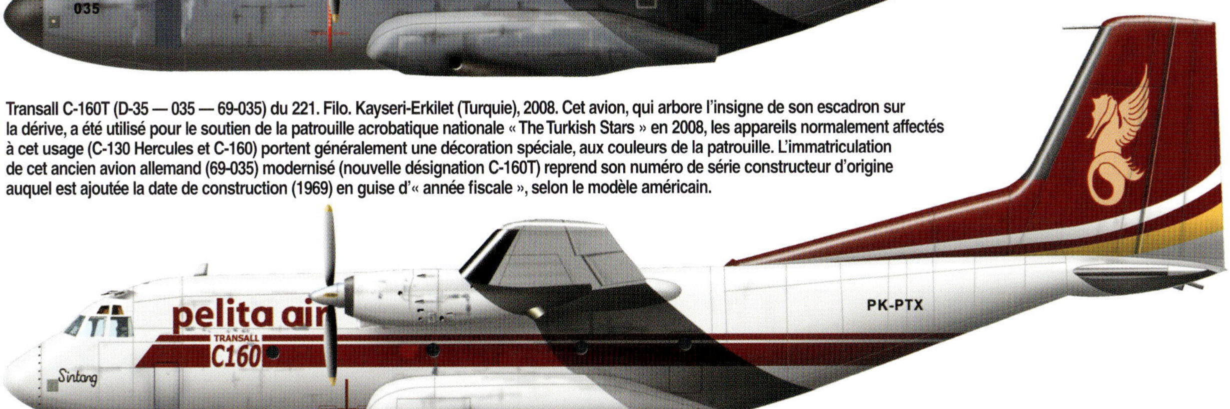

Transall C-160NG (n° 208 — PK-PTX) de Pelita Air Service. Pondok Cabe (Indonésie), 1992. Seul client étranger du Transall « Nouvelle Génération », l'Indonésie acheta six appareils entre 1982 et 1986, qui furent reversés dès leur livraison par le gouvernement indonésien à Pelita, compagnie fondée par la société pétrolière nationale Pertamina. Rachetés par Manunggal Air Service en 1997, les appareils portaient chacun, à l'avant un nom de baptême. Ici « Sintang », nom d'un aérodrome de l'île de Bornéo.

Les moteurs du Transall sont équipés d'un système de synchronisation de régime et de synchrophasage d'hélice. Ce dispositif, efficace une fois atteinte la vitesse de croisière, permet de diminuer les vibrations et le bruit en cabine.
(Frédéric Lert)

TRANSALL SPECIAUX ET MISSIONS PARTICULIERES...

Changement de moteur sur un appareil du « Poitou ».
(Raoul du Poitou)

LES AVIONS DE L'ET 3/61 « POITOU »

La première « Escadrille Opérations Spéciales » (EOS), alias « Groupement Opérationnel Spécial du Transport » ou « GOST » [1] a été créée en 1993 au sein de l'escadron « Poitou ». Mais devant l'impossibilité pour les équipages de mener les deux activités de front, missions classiques d'un escadron et missions spéciales, l'idée d'escadrille a été abandonnée au profit d'une « Division des Opérations Spéciales » au sein du CIET de Toulouse. Créée en 1995, la DOS est revenue en 2006 au sein de l'ET 3/61 « Poitou » qui s'est dès lors uniquement consacré aux opérations spéciales [2].

Les quatre Transall du « Poitou » sont totalement standards, en particulier au niveau des contre-mesures. Toute la valeur ajoutée de l'escadron repose dans l'entraînement des équipages (en particulier au suivi de terrain sous JVN) et dans des équipements amovibles (en particulier en matière de communication radio), aisément transférables d'un avion à l'autre. La logique de cette démarche est de pouvoir utiliser n'importe quel avion sur n'importe quel théâtre pour une mission « spéciale », en toute discrétion si nécessaire.

Le « Poitou » compte cinq Légions d'honneur sur trente et un navigants. C'est là un indice sérieux sur la valeur de ses équipages et surtout du travail opérationnel qui leur est demandé. L'entraînement permanent et réalis-

Ci-contre, à gauche.
Atterrissage d'un Transall du « Poitou » sur la piste de Spin Boldak (Afghanistan) à l'été 2003. Les avions de la FAP y apportèrent la logistique nécessaire aux forces spéciales françaises. *(ET Poitou)*

En insert. **Un rare insigne appliqué sur un avion du « Poitou » pendant une opération en Afrique.** *(Raoul du Poitou)*

Ci-dessus.
Opération africaine dans des conditions très spartiates pour ces appareils du « Poitou ». A noter que l'appareil au premier plan a son hélice gauche en drapeau, sans doute en cours de démontage. *(ET Poitou)*

te dont bénéficient ses navigants permet d'entretenir les réflexes et de « mécaniser » la gestion des situations les plus complexes. Les équipages savent gérer des situations difficiles de jour comme de nuit, avec dans ce dernier cas la capacité à travailler pratiquement « à l'aveugle » dans un poste de pilotage aussi sombre que l'environnement extérieur.

Le « Poitou » a été le premier escadron de l'Armée de l'Air formé aux opérations sous JVN [3]. Il est aujourd'hui considéré comme pôle d'expertise et consacre de nombreux vols à l'entraînement de ses pilotes (la qualification requiert un atterrissage aux JVN par mois pour son maintien). Pour ajouter au réalisme, les vols d'entraînement se font aussi parfois avec les gilets pare-éclats qui pèsent sur les épaules et entravent la liberté de mouvement…

Les avions du « Poitou » sont équipés de deux radios VHF, une UHF et une HF. À cet équipement standard pour un Transall s'ajoutent des liaisons cryptées et satellitaires pour communiquer avec les forces spéciales au sol. Fin 2008, l'emploi du système « Scarabée » était également envisagé. Système léger et « plug and play », permettant d'échanger des images et des croquis par liaison de données, le « Scarabée » est déjà utilisé par les Commandos de l'Air pour communiquer et faire du travail de ciblage avec les chasseurs-bombardiers.

L'arme et la raison d'être du Transall est sa soute. Le « Poitou » a donc développé pour celle-ci des équipements particuliers : prolongateurs de rampe rapidement dépliables, pour faciliter les opérations d'embarquement et de débarquement ou encore agrès améliorés pour faciliter le travail aux JVN du chef de soute. Le « Poitou » a également participé au développement d'un nouveau fardier technique modulaire (FTM) apte à se déplacer et ravitailler en carburant les hélicoptères moteurs tournants, en moins de vingt minutes et en se branchant directement sur le circuit de carburant du Transall. Plus spectaculaire encore, l'installation d'une boule optronique (voies optique et infrarouge) haute résolution a été dévoilée en 2008, peu de temps après les combats de N'Djamena (Tchad). Il a fallu quatre ans de travail à la DOS et au « Poitou » pour mettre au point le système qui offre à l'avion une capacité de reconnaissance discrète. Le projet trouve son origine dans l'abandon des drones Hunter par l'Armée de l'Air en 2004. Les cellules des drones étant mises au rebut, l'équipement optronique est récupéré, monté sur un châssis installé dans le Transall à l'aplomb de l'issue de

1. *La proximité avec le mot anglais « ghost » se retrouve dans l'insigne de la DOS : un fantôme…*
2. *Le 3/61 est la seule unité de transport constituée de deux escadrilles : la F118 disposant d'un C-130 et la F119 avec quatre Transall.*
3. *Jumelles de Vision Nocturnes, aujourd'hui des ITT 49 de troisième génération.*

Belle image des « reverse » en action sur un terrain sablonneux. La vision est impressionnante mais devra se traduire par un lavage complet des moteurs et des compresseurs… *(ET Poitou)*

Ci-dessus et ci-contre.
Atterrissage en brousse et vol de croisière vus à travers le HUD. Dans la lumière verte des JVN, vol tactique sur la campagne française et atterrissage de nuit sur une piste non éclairée…
(Frédéric Lert et ET Poitou)

Page suivante.
Transall Gabriel en vol et vu de face, au sol. Les deux avions en service sont en cours de rénovation, ce qui devrait leur permettre de poursuivre leur activité bien après la mise en service des A-400M attendus par l'Armée de l'Air.

LE GAM 56

Le Groupement aérien Mixte 1/56 « Vaucluse » travaille au profit du service Action de la DGSE *. Pour des raisons évidentes de discrétion, cette unité très particulière basée à Evreux utilise (depuis 1976) deux ou trois Transall extérieurement semblables aux autres appareils présents sur la plateforme. A l'instar du « Poitou », les particularités tiennent alors essentiellement à l'utilisation qui est faite de ces avions. Peu d'informations transpirant sur les activités du « Vaucluse », on se limitera alors à quelques supputations de bon sens: il semble très probable qu'au temps de la Guerre Froide, les Transall de l'unité se soient aventurés en très basse altitude par-delà le rideau de fer. Que des déposes et récupérations d'agents clandestins ou de matériel en Europe de l'Est aient eu lieu est également fort possible. Héritier des opérations clandestines conduites en territoire français pendant l'occupation allemande, et bien avant l'apparition des JVN, le « Vaucluse » savait se poser sur des terrains sommaires, seulement délimités par cinq ou six balises minimalistes. Bien avant la réussite médiatique de Yann Arthus-Bertrand, la photographie aérienne sous toutes les latitudes a aussi fait partie des activités favorites de l'unité… !

* *Direction Générale des Services Extérieurs. Les « services secrets » français.*

secours latérale droite. Les images sont recueillies et exploitées en temps réel en soute et peuvent également être retransmises vers une station de recueil sol. Mieux, le Transall ainsi équipé a la possibilité de filmer et surveiller en temps réel un objectif qui serait donné à des commandos embarqués dans l'avion.

La première utilisation opérationnelle se fait en février 2008, lorsque l'avion surveille discrètement la progression des rebelles tchadiens vers et dans N'Djamena [4].

EN VOL ET AU SOL

Les équipements spéciaux sont une chose, le bon emploi de l'appareil en est une autre. Le « Poitou » est passé maître dans l'art d'exploiter au mieux les capacités du Transall. Bien mené, l'avion de plus de quarante tonnes sait être très discret et préserver l'effet de surprise nécessaire aux opérations spéciales. Un choix judicieux de vitesse, de hauteur-sol et de route de navigation peut rendre un Transall virtuellement invisible et inaudible depuis le sol. Sa présence ne se révèle qu'au passage des « reverses », une fois posé. Et posé dans quels endroits!

Le Transall se contente d'une grande variété de sols, meubles ou durs, sablonneux ou rocailleux. Aux mains des équipages du « Poitou », il se contente également d'une largeur de bande de quelques mètres supérieure à la voie du train. Contrairement aux autres escadrons, pour lesquels l'essentiel du travail est terminé lorsque les roues touchent la piste, le « Poitou » fait aussi longuement travailler ses pilotes à la manœuvre des avions au sol. Il faut aller vite (l'exfiltration d'une patrouille motorisée se fait en cinq minutes, depuis le toucher des roues jusqu'au redécollage sur terrain court), tout en manœuvrant l'avion au chausse-pied sur les terrains les plus improbables. Demi-tours, déchargements, marche arrières au reverse… les manœuvres au sol sont les plus difficiles à maîtriser pour les pilotes qui y consacrent environ 50 % de leur temps.

Le « Poitou » n'a guère eu le temps de chômer depuis sa qualification « force spéciale ». De l'aveu même des équipages, l'année 2006 a été « très tendue », avec des opérations en République du Congo, au Liban et en Afghanistan. L'emploi des forces spéciales relevant souvent de la « gesticulation diplomatique », 2007 a été plus calme pour les équipages français, élection présidentielle oblige. Mais 2008 a été marquée par un retour de l'unité au premier plan, avec même un certain « surengagement » noté à Orléans…

TRANSALL GABRIEL

Les deux avions de ce type sont entrés en service en 1989 au sein de l'escadron électronique (EET) 1/54 « Dunkerque » basé à Metz. Ils remplacent dans les missions d'interception et d'écoute électronique sept Nord 2501 « Gabriel », l'ultime appareil de ce type quittant la scène le 26 octobre 1989. Lors de leur mise en service, les Gabriel sont tournés vers l'Est. Mais les Transall n'auront finalement que peu le loisir d'astiquer le rideau de fer et les couloirs aériens menant à Berlin-Ouest, à l'écoute du bloc communiste. Après l'effondrement du Pacte de Varsovie, l'activité de l'escadron « Dunkerque » ne faiblit pas, bien au contraire.

Les Transall Gabriel sont des avions dits de « Nouvelle Génération » et font toujours partie des appareils les plus jeunes de la flotte. Ils conservent encore un bon potentiel et il est probable qu'ils seront les derniers Transall

4. *Le montage d'un armement de sabord est maintenant évoqué. Progressivement, alors que le Transall est en fin de vie, l'Armée de l'Air réinvente le « gunship »… Une démarche similaire avait été suivie avec les Noratlas, dont une version appui-feu avec un canon de 20 mm en sabord avait été expérimentée au Tchad.*

(Jean-Louis Gaynecoetche)

à voler en France, à l'instar de ce qui s'était passé avec le Noratlas. À leur mise en service, ils bénéficient toutefois d'une avionique plus perfectionnée, avec notamment deux centrales inertielles de plus que les avions destinés aux missions de transport. Depuis la rénovation des Transall, dont ils n'ont pas bénéficié, la situation s'est toutefois inversée et les « Gabriel » se trouvent moins bien lotis que les appareils de transport. Les centrales inertielles restent certes plus précises que celles des rénovés, mais l'avionique pèche par manque de GPS et de FMS.

Le Gabriel est un avion totalement passif, dépourvu donc de capacité de brouillage offensif. Il est équipé de plusieurs chaînes ASTac (Analyseur de Signaux Tactique) permettant de détecter, identifier et localiser des émetteurs radar. En septembre 2008, Thales était retenu pour rénover le système ELINT des avions. La présence d'opérateurs à bord autorise le traitement en temps réel des informations collectées. C'est bien là un avantage essentiel de l'avion, avec également la possibilité de pouvoir assez facilement se confondre avec les autres Transall sur un théâtre d'opération. Pour autant, le « Gabriel », bien connu de tous, identifiable par ses antennes sur le fuselage et en bout d'ailes, ne survole pas impunément les pays étrangers. Faisant partie des « cibles à haute valeur ajoutée », l'avion travaillera toujours à distance de sécurité pour ne pas s'exposer à la menace ennemie. La soute du Transall est équipée pour recevoir une douzaine d'opérateurs et les équipements électroniques. Elle est insonorisée et cloisonnée au niveau des portes para latérales. La rampe et la porte de soute sont soudées en position fermée, ce qui empêche de facto l'embarquement de matériel volumineux. Tout doit passer par les portes para… Une micro zone vie, cambuse et table pour se restaurer ainsi que des toilettes permettent de faire face à de très longues missions. L'avion peut tenir six heures sans ravitaillement en vol et jusqu'à vingt heures avec trois ravitaillements. L'utilisation du ravitaillement en vol est sans doute plus intense que pour les autres Transall en raison de la plus faible autonomie de l'avion. Cette faiblesse est due à une masse de base augmentée (38 tonnes contre 32 pour un Transall classique), obligeant à limiter le volume de carburant au décollage.

(Frédéric Lert)

La lumière rasante sur cet avion au décollage fait ressortir la surépaisseur apposée sur le fuselage, à la hauteur du trait blanc. Il s'agit de mousse participant à l'insonorisation de l'avion et à la protection du fuselage contre les projections de cailloux.

(Frédéric Lert)

TOC TOC... C'EST LA DOS QUI FRAPPE A LA PORTE DE BUNIA !

Dimanche 31 mai 2003. La DOS (Division des Opérations Spéciales) basée à Toulouse au sein du CIET (Centre d'Instruction des Équipages de Transall) est mise en alerte : l'État-Major des Armées demande aux équipages de l'Armée de l'air d'étudier une « ouverture de porte » sur le terrain de Bunia, en République Démocratique du Congo (RDC). La mission pourrait se faire au cours de la semaine suivante.

Après plusieurs années de luttes au sommet de l'état et avec la complicité des pays voisins pour le contrôle du pouvoir, la situation se dégrade dans le pays. L'ONU déclenche une opération internationale de maintien de la paix. L'UNOC (ONU au Congo) se déploie dans le pays et un accord de paix est conclu entre les belligérants en décembre 2002.

À Bunia, les soldats uruguayens de l'UNOC tiennent l'aéroport, mais la dégradation de la situation à l'été 2003 impose une reprise en main rapide de la situation locale et les troupes françaises sont mises en alerte. Autre élément important de l'équation : les Uruguayens de l'UNOC, durement éprouvés, ne sont pas considérés comme totalement fiables et l'état réel de la piste et des infrastructures n'est pas connu avec précision. L'arrivée sur l'aéroport devra donc être rapide et décisive, sans laisser le temps à quiconque de bloquer la piste avec un véhicule ou du matériel. Une ouverture de porte classique en somme, et une mission sur mesure pour un Transall du DOS.

Le capitaine M., qui est à l'époque pilote sur Transall de la DOS, raconte la suite.

« Nous devions dans un premier temps transporter jusqu'à Libreville (Gabon) quelques dizaines de commandos du CPA 10 et du 1er RPIMA. La deuxième étape, six heures de vol tout de même, devait nous emmener de Libreville à Bunia avec un Transall pour y faire l'ouverture de porte proprement dite. Cinq minutes après nous, un C-130 du CIET devait également se poser à Bunia avec à son bord des commandos-marines embarqués à Djibouti.

Nous avons commencé par étudier soigneusement le terrain. La qualité de la piste à Bunia n'était pas des meilleures. Son revêtement était de très mauvaise qualité et la résistance de la piste tout juste suffisante pour des avions de moindre tonnage. Chaque atterrissage l'abîmait un peu plus et elle était à présent constellée de trous. Le Transall peut encaisser beaucoup, beaucoup plus notamment qu'un C-130, mais il y a tout de même des limites ! En phase de décélération, le Transall peut digérer un trou d'un mètre de largeur sur 30 cm de profondeur à la vitesse de 50 nœuds. Mais un tel obstacle au moment du poser peut faire beaucoup de dégâts. Nous avons regardé attentivement les photos satellites à notre disposition [1] et nous avons tiré un trait sur les 400 premiers mètres qui nous paraissaient inutilisables. Il nous restait un peu plus de 1 000 m pour nous poser.

Au vu de l'environnement non permissif, nous avons ensuite défini un profil de vol en fonction des menaces que l'on pouvait trouver sur le terrain. La présence de SATCP (missiles sol-air portables à très courte portée) était possible dans la région. Nous savions que des Stinger avaient été vus aux mains des milices au Rwanda et au Burundi voisins. Nous savions également que les rebelles présents à Bunia avaient eu des contacts avec ces milices. Nous avons alors décidé de décoller de nuit pour nous présenter sur le terrain en finale au petit jour. C'est en général la meilleure heure pour avoir une opposition faible, car les miliciens ne sont jamais très frais à cette heure-là ».

Le Transall décolle de Libreville le 4 juin 2003 à 23 h 30. Il emporte dix tonnes de carburant, de quoi réaliser sans peine sept heures de vol : six heures pour aller jusqu'à Bunia et une heure de plus pour redécoller de Bunia et aller se ravitailler à Entebbe (Ouganda). Car, après l'ouverture de porte, l'avion devra encore réaliser deux rotations entre Libreville et Bunia et trois rotations entre Entebbe et Bunia pour acheminer de nouveaux éléments du COS.

Décollage donc à la masse de 48,5 tonnes, très près de la masse maximale de 49,15 tonnes. À cette masse, la charge utile est d'environ sept tonnes : dans la soute, deux véhicules légers P4 et une vingtaine de commandos. Au mois de juin à Libreville, la température extérieure est encore de 30 °C à 22 heures Le décollage se fait donc avec l'injection d'éthanol dans les moteurs. L'avion s'engage ensuite dans une très longue phase de vol aux instruments.

« Après cinq heures de vol au-dessus de la couche, nous nous sommes préparés à la descente en basse altitude et au vol aux JVN. J'ai chaussé les JVN en premier pendant que le copilote gardait le contrôle de l'appareil en vol aux instruments. Tout étant normal, sans gêne ni illusion sensorielle, il est passé à son tour sous JVN. Puis nous sommes descendus dans les nuages pour rejoindre la basse altitude. Nous nous sommes stabilisés à 800 ft (240 m) au-dessus du sol. C'était une nuit de niveau 5, sans lune et sans aucune lumière résiduelle dans le ciel africain. La couverture nuageuse était très irrégulière et nous alternions sans cesse les espaces dégagés et les nuages dans lesquels l'avion se faisait tabasser. Tantôt dedans, tantôt dessous, avec de nombreux départs d'éclairs dans les JVN… Des conditions idéales pour tester le sang-froid d'un équipage !

Nous avons réduit la vitesse à 180 kts, environ 30 kts sous notre vitesse de croisière normale. Le bruit est le meilleur moyen

1. L'idée d'une reconnaissance discrète sur le terrain par les forces spéciales françaises infiltrées par dérive sous voile a été abandonnée : officiellement « trop risquée ».

2. Impossible toutefois de se poser porte et rampe ouvertes : les deux ensembles mobiles contribuent à la rigidité de la partie arrière du fuselage.

Depuis plus de quarante ans, le son des « reverses » du Transall est devenu synonyme de libération et d'espoir pour de nombreuses populations. *(Frédéric Lert)*

de nous détecter dans ces conditions et c'est à 180 kts que nous sommes les plus discrets.

À quinze minutes de l'atterrissage prévu, nous avons eu une alerte sur le DAM (détecteur d'alerte missile). D'un seul coup l'ambiance s'est figée dans l'avion. Tout le monde a retenu son souffle, jusqu'à ce que le navigateur, qui s'occupe des contre-mesures électroniques, lève le doute. Il s'agissait probablement d'une fausse alerte due à l'intense activité électrique dans les nuages. Une deuxième alerte est arrivée cinq minutes après, mais nous l'avons encaissée avec le calme des vieux routiers que nous étions soudain devenus…

Nous n'étions plus alors qu'à dix minutes du poser et nous naviguions « à la ficelle », c'est-à-dire en suivant une ligne fictive tracée par le navigateur. Celui-ci nous faisait évoluer dans un couloir en nous indiquant de prendre ou de perdre de l'altitude pour coller au relief qui nous faisait face. À sept nautiques de la piste nous avons intercepté le « run d'arrivée ». Notre système de navigation hybride, centrale gyrolaser et GPS, nous donnait une position très précise dans l'espace, avec une marge d'erreur de 0,01 nautique. Nous sommes alors descendus à 400 ft/sol (120 m). Très rapidement nous sommes arrivés en vue de la piste : un ruban grisâtre sur fond de végétation verte. Volets sortis, train sorti, nous nous sommes présentés en courte finale sans avoir pratiquement à entamer de descente. Nous étions déjà très très bas…

On a passé le seuil de piste à moins de 100 ft/sol et c'est là que j'ai vu la mitrailleuse de 12,7 mm montée sur un pick-up. Le véhicule était garé à une centaine de mètres du seuil de piste, sur la gauche. J'ai nettement vu le soldat uruguayen se tourner en nous entendant arriver. Il a tourné sa mitrailleuse vers nous. J'ai alors demandé à mon copilote « qu'est ce qu'il va faire ? ».

Heureusement pour nous il n'a pas tiré. Un Transall en courte finale à cent mètres, c'est immanquable ! Poser d'assaut, debout sur les freins et les reverse. À l'arrière, le chef de soute commence déjà à relever la porte et abaisser la rampe [2]. Le Transall s'arrête en moins de 400 m. Un premier groupe de combattants et une P4 sont déchargés dès que l'avion est immobilisé.

Une rapide « reprise » de gaz et 200 m plus loin un autre petit groupe est débarqué. La deuxième P4 et le reste du commando sont lâchés en bout de piste, à présent sécurisée. L'avion fait rapidement demi-tour et s'aligne pour décoller. Manettes de gaz poussées à fond, les deux turbines Tyne 22 s'emballent et libèrent chacune leurs 5600 CV. Les freins sont lâchés et le Transall bondit en avant. Il est en l'air en moins de 300 m. Il s'est écoulé trois minutes depuis son atterrissage et déjà le C-130 se profile à l'horizon pour se poser à son tour. ❐

Moins de trois minutes s'écoulent entre le poser d'assaut et le redécollage du Transall. *(Frédéric Lert)*

Vue de l'arrière d'un « Astarté », avec les dragues rouges caractéristiques, terminant les antennes filaires.
(Frédéric Lert)

Ci-contre.
Vol crépusculaire dans un Transall rénové.
(Sirpa Air)

TRANSALL ASTARTE

Entrés en service en 1988, les Transall Astarté (Avion Station Relais de Transmissions Exceptionnelles) jouèrent le rôle d'ultimes messagers de l'ordre d'engagement nucléaire. Les avions devaient relayer les communications à destination des sous-marins de la force de frappe, pour le cas où les autres moyens de communication auraient été détruits.

Quatre avions de ce type furent versés au sein de l'Escadron Aérien (AE) 1/59 « Bigorre », basé à Evreux. Les « Astarté » étaient équipés d'un ensemble de transmission VHF TACAMO (TAke Charge And Move Out) coproduit par Rockwell et Thales et permettant les liaisons avec les sous-marins nucléaires en plongée.

Deux signes particuliers permettaient de distinguer l'avion : la présence de deux grandes antennes sur le dessus du fuselage et celles de dragues rouges à l'arrière de l'appareil. Dans la soute prenaient place un amplificateur volumineux fournissant une forte puissance d'émission et deux antennes filaires souples. La première, longue de 8,5 kilomètres, permettait d'é-

mettre dans de très basses fréquences (VLF). La seconde ne mesurait « que » 1,5 km et servait à dissiper en toute sécurité l'énergie électromagnétique générée par l'émetteur (VLF) et son amplificateur. Les communications étaient gérées par des officiers de la Marine installés en soute devant un ensemble de trois consoles et appareils de transmission.

Le pilotage de l'avion pendant les phases de communication imposait de voler en rond à basse vitesse, en respectant une inclinaison et un angle de virage particuliers de manière à optimiser les émissions radio.

Les avions ont été retirés du service en 2001, leur exploitation étant jugée trop coûteuse en regard du service rendu. Treize années de service seulement, après avoir consacré huit ans et plusieurs centaines de millions de francs à leur développement (développement et adaptation non seulement de la charge utile, mais aussi « durcissement » de l'avion contre les flashs nucléaires).

Les cellules n'avaient alors que 8 000 heures de vol en moyenne au compteur. À leur retrait de service, il fut toutefois jugé difficile de réintégrer les quatre avions dans les flottes de transport en raison de leur spécificité. Avec, en premier lieu, l'impossibilité d'utiliser la rampe et la porte de soute, boulonnées au fuselage. Les systèmes hydrauliques avaient été déposés pour gagner du poids. Peut-être le jugement serait-il différent aujourd'hui, le besoin en Transall s'étant fortement accru.

Toutes proportions gardées, les Transall « Astarté » reprenaient la philosophie et une partie de l'équipement des célèbres E-6 Mercury « Tacamo » américains.
(coll. Jean-Louis Gaynecoetche)

Le Transall bien à l'aise sur son terrain de prédilection : la piste caillouteuse africaine. La présence d'un train à roues jumelées et d'aérofreins offre au Transall d'excellentes capacités tactiques.
(coll. Jean-Louis Gaynecoetche)

LE PETROLE COULE A FLOTS !

En donnant au Transall NG une capacité de ravitaillement en vol, l'Armée de l'Air a fait mieux qu'améliorer l'allonge de l'avion et sa capacité d'emport. Elle a aussi offert aux équipages une satisfaction supplémentaire, celle de manier un avion lourd comme un chasseur pour aller enquiller dans le panier de ravitaillement. Il s'agit là d'un exercice délicat et gratifiant, du pilotage à l'état pur en somme.

Tous les Transall NG peuvent être ravitaillés en vol. Quinze de ces appareils sont également équipés pour servir eux-mêmes de ravitailleurs, au profit d'autres Transall ou même de chasseurs.

Un navigant de l'un de ces escadrons passant copilote confirmé (capable de remplir toutes les missions en tant que copilote) devient ipso facto éligible pour suivre un stage de ravitaillement en vol. Deux stages sont organisés chaque année sur la base d'Evreux. La première semaine est consacrée aux cours théoriques (procédures de rejointe, pannes potentielles liées au ravitaillement) et aux séances de simulateur qui permettent de simuler la totalité du travail de ravitaillement en vol.

Cinq séances de deux heures sont consacrées à la mécanisation des procédures, aux simulations d'enquillage et de pannes. Une sixième séance, longue de quatre heures, simule quant à elle une mission complète comprenant un ou plusieurs ravitaillements.

La deuxième semaine du stage est consacrée à la phase pratique et comprend cinq vols, au cours desquels le stagiaire multiplie les approches et les contacts avec la perche avec ou non transfert réel de carburant. Différentes configurations sont abordées, dont le ravitaillement lourd portant la masse de l'avion receveur à 51 tonnes (voire 54 tonnes sur dérogation). Le dernier vol est consacré au test final. Certains pilotes de Transall NG sont également qualifiés pour se ravitailler sur les C-130 espagnols. Un exercice plus délicat encore que sur le Transall en raison des plus fortes turbulences créées par la motorisation des Hercules.

La séquence de ravitaillement d'un Transall débute avec l'arrivée de l'avion receveur sur l'arrière droit du ravitailleur. L'avion se place ensuite en position d'observation stable, une trentaine de mètres derrière le ravitailleur. La vitesse d'évolution est de 180 kts *. Le receveur se rapproche ensuite lentement (avec une vitesse relative de 5 à 10 kts en rentrant 5 % d'aérofreins) du panier qui tangue au bout du tuyau flexible de 28 m déroulé par le ravitailleur depuis la nacelle du train principal gauche. En phase finale, l'avion se rapproche à la vitesse relative de 2 ou 3 kt jusqu'à enquiller sa perche de ravitaillement dans le panier. Une fois jonctionnés, les deux avions peuvent partir en virage. Il est en revanche interdit de chercher le contact en virage.

Depuis la place du pilote aux commandes, l'exercice exige avant tout une très grande concentration. Il s'agit de placer l'extrémité d'une perche de 4 m de long, elle-même fixée sur un avion de 50 tonnes, dans un réceptacle d'une trentaine de centimètres de diamètre gigotant dans les trois dimensions.

« *Pour réussir cet exercice, il faut complètement oublier la perche et le ravitailleur, pour uniquement se focaliser sur le panier que l'on va amener à un endroit précis dans notre champ de vision* » expliquent les pilotes. « *On s'aide pour cela d'une droite imaginaire que l'on va tracer entre le panier et un repère bien visible sur le ravitailleur. On commence par remonter le long de cette droite, jusqu'à environ deux mètres du panier. À cet instant on « passe en perche », c'est-à-dire que l'on quitte le panier du regard pour se focaliser sur la perche que l'on va piloter jusqu'à l'enquillage* ». Le pilote aux commandes est en place gauche, les deux mains sur son volant. Son avion est bien compensé, la puissance installée, la bille bien au milieu. Du bout des doigts, il gère sa vitesse de rapprochement en sortant ou en rentrant ses aérofreins en cliquant sur la commande placée sur la branche droite

Un « Astarté » en cours de ravitaillement sur un appareil de la 64e escadre. On remarquera la propreté du premier par rapport au second, signe d'une utilisation très peu intensive. *(coll. Jean-Louis Gaynecoetche)*

En insert. **C'est bon, ça va rentrer…** *(Raoul du Poitou)*

Page suivant

Le pilote de l'avion ravitaillé prend un repère visue sur le ravitailleur et remonte progressivement le lon d'une droite imaginaire qui va l'amener directemen au panier. L'exercice demande une très grand concentration. *(Frédéric Lert et Sirpa Ai*

du volant. La réponse de l'avion est immédiate, avec très peu d'nertie.

Le commandant de bord assis à sa droite assure la sécurité e l'anti-abordage en gardant la main sur la commande des aérofrein placée au sommet de la manette des gaz. Lui peut se permettr de détacher son regard du panier et d'avoir ainsi une vision plu globale de la vitesse de rapprochement de son appareil.

Les jeunes pilotes avouent être très impressionnés dans un pre mier temps par la proximité des deux avions. Une impression enc re décuplée lorsque le panier est raté et que le receveur continu d'avancer vers le ravitailleur sur quelques décimètres !

« *Le ravitaillement en vol est l'école de l'humilité* » note-t-on Evreux. « *Quel que soit le grade, on se retrouve tous égaux fac au panier…* »

La gestion d'un ravitaillement depuis le Transall ravitailleur e bien moins stressante. L'approche du receveur est surveillée depu le ravitailleur par le navigateur, penché sur son cynémodérivom

tre et annonçant les distances. L'ancien instrument de navigation a trouvé là un nouvel emploi permettant de renforcer la sécurité des opérations. Le mécanicien-navigant lit la check-list avant ravitaillement puis lance le déroulement du tuyau. Une fois déroulé, le tuyau est alourdi et rigidifié en injectant du carburant. Lorsque le contact est établi entre la perche et le panier, les pompes de transfert sont lancées. À charge toujours au mécanicien navigant de surveiller le débit et les volumes transférés. Lorsque la quantité requise est atteinte, les pompes sont arrêtées.

Le Transall possède six réservoirs de carburant, trois par aile, avec une capacité maximale d'emport de 21 tonnes. Pour chaque aile, le schéma est le suivant : le réservoir A est à l'emplanture, le C dans le plan central et le B à l'extrémité de l'aile. Tout le carburant est transférable, à l'exception de celui contenu dans les réservoirs B, d'une capacité totale de six tonnes. Le Transall peut donc transférer en théorie jusqu'à quinze tonnes de kérosène avec un débit de 600 kg/minute pour les chasseurs et 1 000 kg/minute pour les Transall.

À noter enfin qu'aucune communication ne passe par le tuyau de ravitaillement en vol. Les opérations peuvent se faire dans le silence radio total en utilisant simplement un code : la nacelle du train abritant le tuyau et son treuil se termine par trois feux de couleur. Le feu rouge allumé signifie que le ravitailleur n'est pas disponible. Ambre est synonyme de disponibilité et vert signifie que la perche est correctement enquillée, le tuyau déroulé à la bonne longueur et que le carburant s'écoule correctement. ❐

** Dans le cas d'un ravitaillement Transall/Transall. La vitesse passe à 210 kt lorsqu'il s'agit de ravitailler des chasseurs.*

Sur cette page, différents exemples de ravitaillements en vol. La principale difficulté pour les chasseurs vient de la faible vitess du Transall, les obligeant parfois à évoluer à la limite du décrochage. *(Sirpa Air et coll. Jean-Louis Gaynecoetche*

Page suivante

Sur cette vue rapprochée d'un Transal on aperçoit bien les deux phare installés sur le nez de l'avio pour éclairer la perche pendan les opérations de ravitaillement de nui

(Frédéric Lert)

(Frédéric Lert)

(Frédéric Lert)

2009 : UN PRERETRAITE TRES ACTIF

Alors que son départ en retraite fut un temps annoncé pour 2005, le Transall continue aujourd'hui encore à être la cheville ouvrière du transport aérien militaire français. Outre Orléans, Evreux et Metz en France, on trouve des appareils en détachement permanent à Douchambé (deux avions), N'Djamena (trois avions), Abidjan (un avion), Libreville (deux avions) et des appareils affectés en permanence dans les ETOM (La Réunion avec deux avions, Djibouti et Dakar avec un avion à chaque fois).

Les opérations s'enchaînent à un rythme soutenu, parfois difficile à suivre pour les équipages. « *Le Transall est un avion de célibataire* » expliquent les navigants qui comptent en 2008 une moyenne annuelle de 120 jours de « découchés ». Difficile de faire une liste exhaustive des opérations conduites depuis 2001. On citera simplement les suivantes :

En septembre 2002, un appareil du « Béarn » rallie d'un coup d'aile Abidjan (Côte d'Ivoire) avec un ravitaillement en vol. L'avion participe à la prise d'assaut du terrain de Khorogo, en zone rebelle, puis à l'évacuation des ressortissants français et européens d'Abidjan. À l'été 2003, les Transall sont en république du Congo pour prendre part à l'opération Artemis. L'année suivante, un exercice exceptionnel permet le parachutage massif de 365 parachutistes du 8e RPIMa par sept avions de différents escadrons. En 2006, c'est l'évacuation des ressortissants français de Kigali (Rwanda).

Deux opérations récentes mettent également en lumière la capacité du Transall à larguer hommes et matériels en pleine mer (opération « Tarpon ») pour des mises en place rapides, en préalable à des assauts maritimes. Le 26 février 2006, des commandos sont largués en haute mer au large du Sénégal. Les hommes rejoignent le TCD *Foudre* d'où une opération est ensuite lancée pour arraisonner le *Master Endeavour* transportant de la drogue. Deux ans plus tard, en avril 2008, une nouvelle opération « Tarpon » est déclenchée pour amener à pied d'œuvre les commandos engagés dans la libération des otages du Ponant, au large des côtes somaliennes. En 2008 toujours, le Tchad revient au premier plan de l'actualité avec l'opération « Épervier » et la mise en place de l'Eufor.

Le théâtre d'intervention majeur reste toutefois l'Afghanistan. Les toutes premières missions en direction de ce pays sont conduites à partir de décembre 2001 (opération « Héraclès Porte Nord »). Deux Transall de la DOS « ouvrent » le terrain de Mazar E Sharif en se

Ci-contre, à gauche.
Le navigant sur Transall est assuré de voir du pays…
(Frédéric Lert)

Ci-contre, à droite.
Dans le cadre d'une démonstration, ce Transall réalise un poser d'assaut sur un terrain sécurisé au préalable par des parachutistes.
(Frédéric Lert)

Largage par gravité et en chute libre de colis légers.
L'avion évolue à 130 kt avec une assiette de 5 à 6°. En 1993, plus de 930 000 rations ont été larguées de nuit sur la Bosnie de cette manière.
(Frédéric Lert)

Cet appareil s'apprête à partir en mission sur l'Afghanistan depuis le terrain de Douchambé. Les armuriers sont en train d'installer les leurres thermiques. A noter en arrière plan un ptérosaure déguisé en Antonov An 22…

(Sirpa Air)

posant de nuit aux JVN. Quelques jours plus tard, le terrain de Bagram, au nord de Kaboul, est « ouvert » de la même façon. Début 2002, les Transall s'établissent à Douchambé, capitale du Tadjikistan, d'où ils desservent le théâtre afghan. Douchambé est à 2500 pieds au-dessus du niveau de la mer, Kaboul à 5900 pieds, et les températures en été y sont accablantes. La charge utile du Transall fond comme neige au soleil au gré des températures et de l'altitude, pour atteindre péniblement trois tonnes un après-midi d'été à Kaboul. Le transit entre Tadjikistan et Afghanistan se fait au-dessus de reliefs imposants, 14000 pieds au-dessus du niveau de la mer en moyenne avec des pics à 17000 pieds. Pour

Page suivante, de haut en bas.

Tir simultané des leurres infrarouges emportés par un Transall « auto-protégé ». Le tir de ces leurres peut être automatisé ou commandé manuellement par le navigateur.

Décollage depuis Douchambé. Les montagnes visibles en arrière plan donnent une bonne idée du relief qui attend l'avion et l'équipage au cours des heures suivantes.

Ci-dessous.

Sur cet appareil photographié à Kandahar (Afghanistan), l'effacemen progressif de la peinture laisse apparaître les traitements anti-corrosion appliqués sur les cadres de fuselage.

(Frédéric Lert)

(Sirpa Air)

(Sirpa Air)

Une demi douzaine d'avions « cannibalisés » étaient encore visibles à Orléans à la mi-2008. Ces appareils ont été progressivement transférés à Châteaudun pour y être démantelés.
(Frédéric Lert)

éviter la menace sol air potentielle, l'avion doit alors grimper à des niveaux de vol tout juste à sa portée.

Deux scénarios sont particulièrement redoutés par les équipages : le premier est celui d'une panne moteur au-dessus des reliefs qui obligerait à une lente descente, l'avion ne pouvant tenir le niveau de vol. À noter que les équipages sont préparés à l'utilisation des JVN en cas de panne moteur pendant un vol de nuit, afin de mieux affronter le cas échéant une descente près du relief… Le second souci concerne une éventuelle remise des gaz à Kaboul, terrain ceinturé par les montagnes. Pour toutes ces raisons, l'Armée de l'Air privilégie l'envoi sur ce théâtre d'opérations d'avions de première génération (non ravitaillables en vol) sensiblement plus légers que les NG.

Face à la menace sol-air, les équipages de Transall ont également développé une technique permettant de larguer des palettes (non guidées) à grande hauteur tout en garantissant un bon niveau de précision pour le ravitaillement des postes isolés. Le Largage Matériel Très Grande Hauteur Ouverture Basse (alias LMTGHOB) se fait en analysant l'aérologie des différents niveaux que traverse la palette pendant sa chute et en calculant très précisément le point de largage ou « point de relaxation ». Les parachutes principaux des palettes se déclenchent à 500 m du sol, avec à la clef une précision de 200 m ou 300 m, et ce à un coût très inférieur à celui des palettes guidées par GPS utilisées par l'US Air Force.

DEFLATION ET CANNIBALISME

En 2003, l'Armée de l'Air comptait encore 66 appareils en dotation, soit une moyenne de 57 avions en ligne. Sur ce total, 22 avions étaient des Transall NG. Cinq ans plus tard, une quarantaine d'avions seulement sont encore en dotation. La déflation des effectifs a commencé en 2006, avec une dizaine d'avions retirés du service cette année-là. Les retraits se sont depuis poursuivis au gré des cycles de maintenances. Le Transall disposait initialement d'une durée de vie de 20 000 cycles [1]. Certains avions ont été prolongés de manière progressive jusqu'à 21 500 cycles. D'autres sont partis au parc à ferraille après seulement 18 000 ou 19 000 cycles car ils arrivaient en butée de Grande Visite (GV). La GV est un chantier excessivement coûteux, au cours duquel l'avion est mis à nu. Ceci ne se justifie pas économiquement pour offrir à l'avion 2 000 cycles supplémentaires.

Au fur et à mesure de leur retrait de service, les avions ont été dépouillés de toutes les pièces dites « critiques » et pouvant servir les avions encore en activité. Pompes hydrauliques, atterrisseurs, roues, avionique, bords

1. Un cycle équivaut à un décollage et un atterrissage.

2. Il y a toujours en France au moins un équipage d'alerte à une heure, 24 heures/24 et 365 jours par an. Par ailleurs, les escadrons de Transall travaillent en cycle ternaire, avec trois « postures de réaction » (PR) s'étageant du niveau 1 (le plus élevé) au niveau 3.

d'attaque… la liste des équipements « cannibalisés » est longue. Les derniers Transall souffrent également de corrosion, la faute à de nombreux déploiements à proximité des océans. Les cellules sont aussi fatiguées et placées sous une surveillance étroite, particulièrement au niveau des voilures.

Pour rentabiliser au mieux la flotte restante, tout l'entretien des Transall survivants est aujourd'hui réalisé par les ESTA (Escadron de Soutien Technique Aéronautique) d'Orléans et d'Evreux. Les avions disponibles sont placés dans un pool commun auquel les escadrons font appel pour remplir leurs missions et leur contrat opérationnel [2]. Seuls le GAM 56, l'escadron de transport « Poitou » et l'escadron électronique « Dunkerque » disposent de leurs propres circuits de maintenance en ligne.

Ci-dessus.
La longévité du Transall a été le prétexte à quelques décorations flamboyantes… Les 50 ans de la Force Aérienne de Projection, et du CoTAM et GMMTA l'ayant précédée, ont été célébrés sur le 61-ZY (R159). Les 20 ans de l'avion coïncidant avec la barre symbolique des 500 000 heures de vol ont été affichés en 1987 par le 61-ME (R5).
(coll. Jean-Louis Gaynecoetche)

Malgré toutes ces vicissitudes, les Transall continuent d'assurer bon an mal an leurs obligations. Et il le faut bien, puisque le remplaçant annoncé depuis plus de dix ans se fait encore désirer avec une ardeur toujours croissante. « *On est au fond de la cuvette capacitaire* » résument les Transporteurs dans cet étrange sabir tenant à la fois de la plomberie et du langage technocratique.

LES AUTRES UTILISATEURS

Le programme Transall n'ayant pas été conduit sous l'égide de l'OTAN, les perspectives d'exportations en Europe s'en trouvèrent considérablement réduites, pour le plus grand bonheur de Lockheed et de son C-130. Parmi les clients potentiels optant finalement pour le quadrimoteur américain, on citera la Belgique (afin de remplacer ses C-119) et la Grande-Bretagne. La BAC (British Aircraft Corporation) engagea même des discussions avec les partenaires français et allemands pour une possible fabrication sous licence. Dans le même temps, la France proposa également à la Royal Air Force des Mirage III et IV équipés de réacteurs Spey. Le Hercules, immédiatement disponible, fut finalement préféré au Transall.

Ci-dessus et ci-dessous.
Les appareils allemands ont porté des décorations présentant de grandes variations dans les détails. Les Allemands ont également accumulé un très grand nombre de décorations spéciales sur leurs avions.
(coll. Jean-Louis Gaynecoetche)

L'ALLEMAGNE

Entre 1967 et 1973, la République Fédérale d'Allemagne reçoit un total de 113 Transall : trois avions de présérie et 110 de série. Sur ces 110 appareils, vingt sont revendus à la Turquie. Les 90 restants, dont le premier est livré en avril 1968, vont équiper en premier lieu deux escadres de transport (alias *Lufttransportgeschwader*) : la LTG 63 d'Ahlhorn et la LTG 61 de Neubiberg. L'école de pilotage de Wünsdorf et le centre d'essais de Manching utiliseront également plusieurs appareils au fil des ans. Dans les années quatre-vingt, les avions bénéficient d'une cure de rajeunissement compre-

Les militaires turcs ont conservé sur leurs avions le camouflage allemand dont ils étaient porteurs à leur livraison.
(coll. Jean-Louis Gaynecoetche)

nant un renforcement structural, une modernisation de l'avionique et l'installation pour une partie de la flotte d'un ensemble d'auto-protection.

À noter qu'au milieu des années soixante-dix, l'avionneur MBB développe un kit anti-feu adapté au Transall à la demande du gouvernement allemand. Ce kit comprend un réservoir de 12000 litres installé en soute. Le largage d'eau ou de produit retardant se fait par la rampe ouverte, par simple gravité. Des kits ont également été vendus à l'Indonésie.

LA TURQUIE

Le besoin allemand avait été surévalué dès le lancement du programme, afin d'obtenir une meilleure charge de travail pour les industriels d'Outre-Rhin. Dès 1967, l'Allemagne tente de réduire sa commande à 60 unités. Mais la difficulté d'intégrer cette nouvelle donne dans le plan de charge franco-allemand fait reculer le gouvernement allemand. Celui-ci réussit finalement à revendre vingt de ses avions à la Turquie.

Ces vingt appareils gardent le camouflage original allemand et sont utilisés par le Filo 221 de Kayseri.

LA REPUBLIQUE SUD-AFRICAINE

Dans l'incapacité d'accroître le nombre de leurs C-130B Hercules pour des raisons politiques, l'Afrique du Sud commande neuf Transall en 1969. Les équipages sont formés en France et les avions livrés entre juillet 1969 et juillet 1970. Ils sont affectés au No 28 Squadron basé à Waterkloof. Ils seront retirés du service en janvier 1993 après une carrière très active, notamment pendant la guerre en Angola.

Après avoir reçu leurs avions dans cette élégante livrée, les Sud-africains les ont repeints dans un camouflage fait de deux tons de sable, plus conforme à une utilisation opérationnelle.
(coll. Jean-Louis Gaynecoetche)

Trois Transall français auraient porté des cocardes et des codes zaïrois pendant quelques heures en 1975, le temps de livrer des Mirage 5 à ce pays.
(coll. Jean-Marie Wuillemain)

Le prototype V3 fut racheté à la Luftwaffe par la compagnie civile gabonaise « Air Affaires Gabon ».
(coll. Jean-Louis Gaynecoetche)

Les divers projets de remise en service ou de rachat n'ayant jamais abouti, les appareils sont toujours stockés à l'air libre en Afrique du Sud.

AUTRES UTILISATEURS MILITAIRES

Le Transall F-160 codé « 61-ZZ » a été vu en avril 1977 porteur, pendant quelques heures seulement, d'une cocarde marocaine sur le fuselage. Plus sérieusement, des avions français ont sans doute reçu des cocardes africaines le temps d'effectuer des missions clandestines.

UTILISATEURS CIVILS

En 1970, le ministre des P & T (Poste et Télécommunications) demande à expérimenter le Transall pour le transport de courrier de nuit. L'avion a une charge marchande intéressante, mais sa rentabilité n'est pas assurée. Pendant un mois, un équipage militaire assure donc « la postale de nuit » en direction du Sud-Est de la France et de la Corse. La réussite de l'expérimentation débouche sur la location, pour cinq ans et à partir de juin 1973, de quatre Transall à l'Armée de l'Air par les P & T. Cette utilisation exige une certification civile de l'avion qui entraîne des modifications au niveau des commandes de vol et du poste de pilotage. La soute est également modifiée de manière à pouvoir accueillir des conteneurs standards. La charge utile est réduite à 13,5 tonnes mais la manutention grandement facilitée. À la fin de la période de location, deux avions sont réintégrés dans l'Armée de l'Air. Les deux autres, arrivés en bout de potentiel, sont réformés.

Le prototype V3, utilisé par la Luftwaffe, sera racheté par la compagnie gabonaise Air Affaires Gabon et recevra l'immatriculation « TR-LWE ». La compagnie suisse Balair louera quant à elle le troisième avion de présérie (A-03) à l'Allemagne. Cet appareil sera utilisé par la Croix Rouge dans le cadre de missions humanitaires au Biafra.

Le plus gros utilisateur civil du Transall reste l'Indonésie qui commande six avions de nouvelle génération au début des années quatre-vingt. En attendant la livraison de ces appareils, l'Indonésie loue trois avions à l'Allemagne, mais un seul sera réellement utilisé. Le deuxième est en effet légèrement endommagé lors d'une présentation publique au Bourget

Maquette d'un hypothétique C-161 aménagé en transport de passagers.
(coll. Patrice Gaubert)

lorsqu'il se pose sur le ventre (il sera restitué à la Luftwaffe), tandis que la location du troisième est annulée.

Les six avions commandés sont livrés entre 1982 et 1986. Dépourvus des équipements de ravitaillement en vol et des réservoirs de plans centraux, ils sont utilisés pour ravitailler certains archipels et vont porter successivement les couleurs des compagnies Pelita Air Services et Manungal Air. En 1999, pendant le conflit au Timor, ils sont utilisés par l'UNHCR pour évacuer les populations civiles. L'armée indonésienne a pu également employer ces appareils sur réquisition. À noter enfin qu'un appareil utilisera un radar aéroporté installé dans l'ouverture d'une porte para, pour l'étude de la couverture forestière du pays.

Superbe résultat d'un atterrissage train rentré pour économiser les freins. L'avion put repartir en vol dès le lendemain, preuve de sa très grande solidité.
(coll. Jean-Louis Gaynecoetche)

LES PROJETS SANS SUITE

— Le C-160S de surveillance maritime

Basé sur le C-160 NG, cet appareil destiné à la patrouille maritime aurait emporté un équipage de sept personnes ainsi que des équipements spécifiques : caméras, radar de surveillance rétractable dans le fuselage, postes d'observation dans les flancs du fuselage, équipements d'écoute électronique. Les points d'accrochage sous la voilure auraient permis l'emport de deux missiles Exocet dans les missions anti-navire. Au prix de modifications mineures et avec l'installation de réservoirs supplémentaires, le C-160S aurait permis d'effectuer dix heures de patrouille à 600 nautiques de sa base de départ. La Marine opta finalement pour le Breguet Atlantique, mais il faut souligner que les escadrons de transport outre-mer utilisèrent à plusieurs reprises et efficacement leurs Transall pour de longues missions de recherche en mer.

— Le C-160 d'alerte avancée

Étudiée en 1984, cette version était basée sur le Transall NG. L'avion devait emporter un système d'identification IFF et un radar de surveillance dans le nez couplé à un autre monté à l'arrière du fuselage, à la manière de ce qui fut fait sur les Nimrod britanniques. Des dispositifs ELINT auraient également été montés en extrémité de voilure. Six postes de travail auraient été installés dans la soute. Le Transall ainsi équipé aurait été utilisé dans les missions traditionnelles des AWACS (détection, identification, guidage…). La France préféra toutefois s'équiper de Boeing E-3F Sentry aux capacités très supérieures, et le projet fut donc abandonné.

— Autres projets

D'autres projets ont été évoqués, débouchant sur des études plus ou moins poussées. On évoquera par exemple le Transall « Gunship », qui aurait pris la suite de l'unique Noratlas équipé de cette manière, ou encore le Transall ADAC (décollages et atterrissages courts), équipé de réacteurs d'appoints et de volets hypersustentateurs soufflés. Le projet le plus étonnant concerne le C-161 cargo civil. La cellule de l'avion aurait été profondément modifiée, avec un poste de pilotage installé en surplomb audessus de la pointe avant. L'espace dégagé aurait permis un accès direct à la soute par une large porte frontale de 2,80 m de large sur 2,60 m de haut. La rampe et la porte arrière auraient été en revanche supprimées, débouchant sur une meilleure aérodynamique de la partie arrière du fuselage. La longueur de soute utile serait passée de 13,51 m à 20,60 m et son volume de 115 à 180 m^3. Enfin, la charge marchande maximale aurait été de 20 tonnes, avec une masse maximale au décollage portée à 53,10 tonnes grâce à l'utilisation d'un réacteur d'appoint. Certains croquis font également état d'un C-161 J (pour « Jet ») motorisé par deux réacteurs JT-3D en lieu et place des turbopropulseurs Tyne. La maquette d'une version passager, avec un fuselage entièrement redessiné et capable d'accueillir 150 passagers, fut également présentée dans les salons aéronautiques, mais le C-161 ne fut jamais construit.

Largage de palettes par gravité, avec dispersion des colis pendant la chute.

REMERCIEMENTS

L'auteur tient à remercier très chaleureusement les personnes suivantes : Dominique Breffort, Isabelle Couzigou, David Daugreilh, Patrice Gaubert, Jean-Louis Gaynecoetche, Philippe Landes, Claude Lemieux, Olivier Mallein, François Maurice, Michel Oudjari, François Pierron, Vincent Rapp, Pierre Sparaco et Jean-Michel Wuillemain. Merci à tous les équipages des escadrons de Transall d'Orléans et d'Evreux pour leur disponibilité. Merci également à Mesdames Rouby et Sevel ainsi qu'au Sirpa Air pour l'organisation des visites sur les bases (l'ouverture de porte n'est pas l'apanage du « Poitou »). Une dernière mention pour le service photo du Sirpa Air, repaire de jeunes gens serviables et compétents.

Conception, création et réalisation Dominique Breffort et Jean-Marie Mongin. Photographie de couverture : Frédéric Lert

ISBN : 978-2-35250-092-6

Numéro d'éditeur : 35250

Dépôt légal : 1er trimestre 2009

Un ouvrage édité par
HISTOIRE & COLLECTIONS
SA au capital de 182 938,82 €
5, avenue de la République F-75541 Paris Cedex 11
Tél. 01 40 21 18 20
Fax 01 47 00 51 11
www.histoireetcollections.fr

Cet ouvrage a été conçu, composé et réalisé par *Histoire & Collections* entièrement sur stations informatiques intégrées.

Photogravure : *Studio A & C*

Achevé d'imprimer en mars 2009 sur les presses de Elkar, Espagne, Union européenne.